DIE SCHÖNSTEN

TAGESAUSFLÜGE IN FRANKEN

Malerische Städte und Landschaften entdecken

Armin Scheider

Inhalt

4 Im Biergarten des Klosters Kreuzberg

17 Fränkische Bilderbuch-Kulisse am Königsplatz in Schwabach

16 Das Bratwursthäusle am Rathaus in Nürnberg

Einführung

Um es gleich vorwegzusagen: Dieses Buch kann und will kein allumfassender Frankenführer sein, der auf jedes Detail eine Antwort weiß. Dazu ist – bei vorgegebenem Buchkonzept – das Frankenland zu vielschichtig und sein touristisches Angebot zu groß. Demzufolge können die Ausflüge nur »Appetithäppchen« sein, Kostproben also, die ermuntern sollen, auf Entdeckungsreise zu gehen und die Feinheiten dieses Landes aufzuspüren. Im direkten Vergleich mit dem hochgelobten Oberbayern schneidet Franken nicht immer gut ab, doch sind das nur »gefühlte« Defizite! Diese überaus reizvolle Region zwischen Untermain und Frankenalb braucht weder einen Vergleich mit oberbayerischen Landschaften zu scheuen noch mit den Kulturschätzen, dem Freizeitangebot oder der Gastronomie.

Verwaltungskonzept. Franken ist unterteilt in die drei Regierungsbezirke Unter-, Mittel und Oberfranken. So hat es König Ludwig I. 1837 gewollt.

Unterfranken mit der Bezirkshauptstadt Würzburg nimmt den nordwestlichen Teil Frankens ein, ist rund 8500 qkm groß und damit größter Regierungsbezirk Frankens und hat etwa 1,3 Millionen Einwohner. Er besitzt neun Landkreise und drei kreisfreie Städte.

Mittelfranken, der südliche Teil Frankens mit Sitz der Bezirksregierung in Ansbach, hat etwa 1,7 Millionen Einwohner, ist der bevölkerungsreichste Bezirk Frankens und nimmt eine Fläche von ungefähr 7200 qkm ein. Unterteilt ist die Region in sieben Landkreise und fünf kreisfreie Städte.

Oberfranken bildet den nordöstlichen Teil Frankens, bedeckt eine Fläche von etwa 7200 qkm und hat eine Einwohnerzahl von knapp 1,1 Millionen. Neun Landkreise und vier kreisfreie Städte werden von Bayreuth, der Bezirksmetropole, aus verwaltet.

»Franken« im historischen Vokabular

Fränkisches Reich: Umfasste unter der Regentschaft Karls des Großen um 800 ganz Mittel- und Westeuropa sowie Teile Italiens. Das heutige bayerische Franken war darin nur ein kleiner Fleck nahe der Ostgrenze.

Aufteilung des Frankenreichs: 843 wurde das Reich im Vertrag von Verdun aufgespalten: in einen westlichen (später Frankreich) und einen mittleren Teil (u.a. Lothringen, Burgund und Königreich Italien) sowie in das Ostfrankenreich. In ihm entstanden zu Beginn des 10. Jh. die Stammesherzogtümer Sachsen, Franken, Bayern, Schwaben und Lothringen und im Laufe des 10. Jh. unter der Herrschaft der Ottonen (Kaiserkrönung Otto I. 962) das Heilige Römische Reich als Herrschaftsbereich deutscher Kaiser und Vorläufer des heutigen Deutschlands, ab dem 15. Jh. mit dem Zusatz »Deutscher Nation«.

Herzogtum Franken: Dazu gehörten neben fränkischen Regionen Bayerns auch Teile Hessens, Baden-Württembergs, Thüringens und von Rheinland-Pfalz. Es bildete in der Mitte des Ostfrankenreiches ein Kernland.

Fränkischer Reichskreis: Kaiser Maximilian I. reformierte Anfang des 16. Jh. das Reich und schuf zehn Reichskreise, um Sicherheits- und Wirtschaftsmaßnahmen zu bündeln und das Zusammengehörigkeitsgefühl zu stärken. Einer davon war der Fränkische Reichskreis. Schon zu Beginn bestand er aus unzähligen Herrschaftsbereichen: Wichtigen und größeren Territorien der Bischöfe, Markgrafen und Reichsstädte standen zahlreiche Klein- und Kleinstgebiete der Grafen, Fürsten und Ritter gegenüber. Sie alle waren selbstständig und prägten ihre Bereiche nachhaltig, was heute noch an der Vielfalt von Kultur, Lebensweise, Religion oder Sprache zu spüren ist.

Bayerisches Franken: Die Französische Revolution und europäische Kriege veränderten binnen weniger Jahre das Bild in Europa und in Franken grundlegend. Das Heilige Römische Reich Deutscher Nation wurde 1806 aufgelöst, Frankens Territorien büßten allesamt ihre Selbstständigkeit ein und wurden vom Königreich Bayern annektiert.

Landschaftliches Mosaik. Abwechslung heißt das Motto in Frankens Landschaft! Wie von leichter Hand sind sanfte Mittelgebirgszüge über die Region verstreut, durchzogen wird sie von anmutigen Flusstälern, während weite Hochflächen von Acker- und Wiesenland bedeckt sind, durchaus mit eigenem Reiz und mit oft großartiger Fernsicht. Anlass genug, um in dieser attraktiven Gegend Naturparks einzurichten. Stolze neun an der Zahl sind es in Franken, jeder einzelne ausgestattet mit eigenem Landschaftsprofil und faszinierenden Naturdenkmälern.

In **Unterfranken** wird der Main – Hauptfluss, namhafte Weinregion und Radlparadies – von waldreichen Höhenzügen umringt: im Westen der sagenumwobene Spessart mit seinen prächtigen Buchen- und Eichenwäldern und nach Norden anschließend die rauen Kuppen der bayerischen Rhön. Östlich des Maindreiecks legt sich der Steigerwald mit Wäldern, Mooren und Weinbergen quer und im Norden schmiegen sich die Ausläufer der sanft gewellten Haßberge an das Maintal.

In **Mittelfranken** dominieren die Frankenhöhe und die Westabhänge der Fränkischen Alb, sie umschließen das neue Fränkische Seenland. Der Großraum Nürnberg bleibt dagegen ziemlich eben, wenn man von den Hügeln der Hersbrucker Schweiz absieht. Mittelfränkische Vorzeigetäler sind vor allem der liebliche Taubergrund und die nicht minder reizvollen Täler der Altmühl, der Regnitz und der Pegnitz.

Prägend für die Landschaft **Oberfrankens** ist die Fränkische Schweiz im Süden, zergliedert durch tief eingeschnittene Täler, wie an Wiesent, Ailsbach und Püttlach, bekannt aber vor allem für geheimnisvolle Höhlen und pittoreske Felsformationen. Die Nordflanke des Bezirks nehmen Frankenwald und Fichtelgebirge mit ihren dunklen Nadelwäldern ein, sie strahlen einen eher herben Reiz aus.

Das Wiesenttal ist eines der reizvollsten Flusstäler der Fränkischen Schweiz: Hier schmiegt sich der Ort Nankendorf zwischen bewaldeten Hängen an das Ufer der Wiesent.

Diese facettenreiche und oft unberührt wirkende fränkische Landschaft eignet sich hervorragend für aktive **Freizeitgestaltung**. Aussichtsreiche Wanderungen, genussvolle Radtouren, Badevergnügen im Fränkischen Seenland: Die Tourismusverantwortlichen in Franken halten diverse Vorschläge bereit. Nicht weniger als 15 **Urlaubsregionen** wurden im Frankenland eingerichtet (siehe Karte Titelinnenseite), jede einzelne mit eigener Tourismuszentrale, jede einzelne mit individuellem Angebot an Sehenswürdigkeiten, Freizeitaktivitäten und Gastronomie.

Kunst und Kultur. Keine Frage – Franken ist vor allem auch altes Kulturland. Es besitzt bedeutende Kulturdenkmäler und reiche Kunstschätze, vorzugsweise aus den Stilepochen der Spätromanik, der Gotik und des Barock. Einige davon stehen so hoch im Kurs, dass sie in das **Kulturerbe** der UNESCO aufgenommen wurden. Gemeint sind die Würzburger Residenz, die Bamberger Altstadt, der römische Grenzwall Limes in Franken und das Markgräfliche Opernhaus in Bayreuth. Herausragenden kunsthistorischen Rang nehmen auch altehrwürdige Dome, **Kirchen**, Wallfahrtsbasiliken und Klöster ein. Namhafte Beispiele sind Würzburg, Nürnberg, Bamberg, Rothenburg und Dinkelsbühl, aber auch Ebrach und Vierzehnheiligen. Auch die Burgen und **Schlösser**, denen man auf Schritt und Tritt begegnet, sollte sich der Frankenbesucher nicht entgehen lassen. Es sind mittelalterliche Trutzburgen oder Renaissanceschlösser, etwa die Veste in Coburg, die Plassenburg in Kulmbach, die Festung Rosenberg in Kronach, die Burg in Nürnberg, die Festung in Würzburg oder die Schlösser in Mespelbrunn und Aschaffenburg. Oft stammen sie aber auch aus der Barockzeit, wie die glanzvollen Anlagen der Würzburger Residenz, die Markgrafenschlösser in Ansbach und Bayreuth sowie Schloss Pommersfelden.

Man sollte also auf jeden Fall viel Zeit zur geplanten Frankenreise mitbringen, denn neben Kirchen, Klöstern und Schlössern lockt auch eine Vielzahl von **Museen**. Es sind nicht nur die weltberühmten Einrichtungen wie das Germanische Nationalmuseum in Nürnberg oder das Mainfränkische Museum auf der Würzburger Festung. Auch kleine Dorfmuseen sind oft erstaunlich reich ausgestattet und professionell aufgebaut, ganz zu schweigen von den vielen Spezialmuseen, die zu bestimmten Fachgebieten gebündeltes und aufbereitetes Wissen darbieten.

All diese Bauten und Kunstbestände sind kein namenloses Erbe, sondern stammen zum Großteil von berühmten und in ihrer Zeit

Historische Bauten und reiche Kunstschätze begegnen uns in Franken auf Schritt und Tritt. Im Bild eine in Gestik, Gesichtsausdruck und Faltenwurf des Gewandes kunstvolle Skulptur des Landshuters Hans Leinberger, dem bedeutendsten Bildhauer der Spätgotik in Altbayern (Germanisches Nationalmuseum in Nürnberg).

Heiligenfiguren an den Häusern, wie hier Maria mit dem Kind in Lohr am Main, sind in Franken keine Seltenheit.

führenden Architekten und Künstlern. Vor allem die Renaissance hat große Meister hervorgebracht: die Maler Lucas Cranach der Ältere, Mathias Grünewald, Albrecht Dürer, die Bildhauer Veit Stoß und vor allem Tilman Riemenschneider und den Erzgießer Peter Vischer. In der Barockzeit dominierten in Franken vor allem die Baumeisterfamilie Dientzenhofer und Balthasar Neumann, berühmter Erbauer der Würzburger Residenz und der Wallfahrtskirche Vierzehnheiligen.

Bei aller Euphorie für die »klassische« Kultur in Franken – auch die volkstümliche darf nicht zu kurz kommen. Es geht um die romantischen **Ortsbilder** mit ansehnlichen Straßenzügen, alten stolzen Rathäusern und Fachwerkwinkeln, die einen Gutteil der fränkischen Anziehungskraft ausmachen und dem Besucher in den Dörfern und Altstädten das vielgerühmte »heimelige« fränkische Gefühl vermitteln. Vorreiter sind hier vor allem Rothenburg und Dinkelsbühl, erstaunlicherweise aber gibt es in Franken auch Dörfer und Städtchen, die in Südbayern so gut wie niemand kennt, deren Ortsbild aber wie eine Seite aus dem fränkischen Bilderbuch wirkt: Prichsenstadt in Mainfranken gehört dazu, auch Königsberg in den Haßbergen, das oberfränkische Sesslach und Wolframs-Eschenbach in der Nähe von Ansbach.

Die Küche Frankens. Wie die Broschüre »200 Jahre Franken in Bayern« berichtet, hat der Tourismusverband Franken unlängst Menschen in Deutschland befragen lassen, was ihnen beim Begriff »Franken« in den Sinn kommt. Überraschenderweise wurden »Essen und Trinken« sowie »Frankenwein« am meisten genannt, danach erst »Natur und Landschaft«. Was also macht die fränkische Küche aus?

In vielen Abhandlungen wird sie als »deftig und ehrlich« bezeichnet. Gemeint ist wohl, dass man auf allzu raffinierte Kreationen und Spitzfindigkeiten in der Zubereitung verzichtet und lieber die herzhaften, kalorienreichen und traditionellen fränkischen Gerichte auf den Tisch bringt. Dazu gehört auf jeden Fall Schweinernes und Gebratenes, oft mit wunderbaren Soßen und mit Knödeln und Salaten, wie etwa Schweinebraten, Sauerbraten, Schäufele, Knöchle oder Schlachtschüssel. Für den kleineren Hunger tun es auch mal die allgegenwärtigen Bratwürste, die in Nürnberg kurz, in Coburg aber mindestens doppelt so lang sind. Einen hohen Stellenwert haben auch die kalten Wurstplatten, einschließlich Geräuchertem und diversen Presssackarten, die wohl nirgends appetitlicher angerichtet werden und besser munden als in Franken. Ständige Begleiter der fränkischen Küche sind Bier und Wein. Bier passt zu jedem Gericht, auch ein leichter fränkischer Weißwein, der zudem besonders mit Fisch harmoniert, z.B. mit einer fangfrischen Bachforelle, wohingegen zu einem gebratenen Spiegelkarpfen aus dem Aischgrund ein »zischendes, kühles Bier« wieder die bessere Wahl sein soll. Wildgerichte jedenfalls, wie Rehrücken und Wildschweinbraten, werden am besten von einem fränkischen Rotwein ergänzt.

Fazit: »Bist Du auf's Ergründen der fränkische Seele versessen, musst Du mit Franken fränkisch trinken und essen.« (Hans Karl Adam)

Quellenhinweise. Für Zahlen, Daten, Fakten und Wertungen wurde neben den Webseiten der Gemeinden und Städte sowie der Tourismusverbände Frankens und seiner Naturparks, Feriengebiete und Weinadressen auch das Online-Lexikon Wikipedia zurate gezogen. Bei wörtlichen Wiedergaben ist die Quelle angegeben.
Des Weiteren wurden folgende Publikationen genutzt:

ADAM, HANS KARL: Das Kochbuch aus Franken. Verlag W. Hölker, Münster, 1975.

BABOVIC, TOMA und GLASER, HERMANN: Ins Land der Franken fahren ... Ellert & Richter Verlag, Hamburg, 2004.

DEHIO, GEORG: Handbuch der Deutschen Kunstdenkmäler, Bayern I: Franken. Deutscher Kunstverlag, München, 1999.

NESTMEYER, RALF: Franken. Michael Muller Verlag, Erlangen, 2007.

Tourismusverband Franken e.V.: 200 Jahre Franken in Bayern. Nürnberg, 2005.

Tourismusverband Franken e.V.: Franken – Wein. Schöner. Land!. Nürnberg, 2014.

Das Frankenland ist auch Radl-Land, wie hier in den parkartigen Mainauen nördlich von Würzburg.

Mittelalterliche Silhouette von Prichsenstadt in Unterfranken

Ausflugsziele in Unterfranken

Wo Gastfreundschaft und gold-prämierte Weine zu Hause sind

1 In der Mainmetropole Würzburg

Stadtrundgang in Würzburg und Radausflug nach Veitshöchheim (ca. 24 km)

Anfahrt: Mit dem Auto ab München/Nürnberg A 9/A 3 und B 8/B 13, ab Augsburg A 7 sowie B 2/B 25 und B 19. Mit der Bahn zahlreiche im Fern- und Nahverkehr; Radtransport nur im »Bayerntakt«, dann u. U. längere Fahrzeiten
Karten: Reisekarte Franken: ADAC-Autokarte Bayern Nord, 1:200 000;
Radtour Würzburg: Topografische Karte UK 50-7 Fränkisches Weinland, 1:50 000; oder ADFC-Regionalkarte Würzburg Mainfranken, 1:75 000
Information: Touristinfo Würzburg im Falkenhaus: Tel. 0931/37 23 98; www.wuerzburg.de

Auftakt ist ein Rundgang in Würzburg mit der Residenz und der Festung Marienberg als absolute Höhepunkte. Dann schwingen wir uns in den Sattel. Durch die Stein'schen Weinberge und das Dürrbachtal geht es nach Veitshöchheim, wo man Schloss und Schlossgarten besuchen kann. Zurück nach Würzburg ist es dann nur noch ein Katzensprung (Zeitplan Seite 15).

Historische Eckpunkte. Würzburgs Geschichte beginnt 704 mit der ersten urkundlichen Erwähnung. Einige Jahrzehnte später wird das Bistum Würzburg gegründet. Im 11. und 12. Jh. folgt eine Blütezeit unter den Staufenkaisern. In diese Zeit fallen die Weihe des Doms (1187) und die Gründung der Festung Marienberg (1201). Ab 1483 prägt Tilman Riemenschneider das Kunstgeschehen in Würzburg mit und steigt auf zu einem bedeutenden Bildhauer. Seine Werke können heute im Mainfränkischen Museum auf der Festung Marienberg bewundert werden. Nach dem Dreißigjährigen Krieg erlebt die Stadt unter der Regentschaft der Fürstbischöfe von Schönborn eine zweite Glanzperiode. Höhepunkt

Traditionsreiches Symbol für Weinliebhaber: das Schild über den Weinstuben des Juliusspitals in Würzburg

dieser Ära war der Bau der Residenz (1723–1744) unter Leitung von Balthasar Neumann, einem führenden Architekten des Barockzeitalters. Ab 1814 gehört die Mainmetropole endgültig zu Bayern. Ihre dunkelste Stunde erlebt sie am 16. März 1945: In nur 17 Minuten legen alliierte Bomberverbände die Stadt in Schutt und Asche, der Wiederaufbau dauert über 25 Jahre.

Stadtrundgang (siehe Karte). Beginnen wir mit der Residenz (Apr.–Okt. täglich 9–18, Nov.–März 10–16.30 Uhr, regelmäßige Führungen, Dauer 45 Min.). Sie gilt als eines der bedeutendsten Barockschlösser Europas und zählt zum Weltkulturerbe der UNESCO. Außerhalb besticht der terrassenartige Hofgarten mit reichem Puttenschmuck, im Schloss gehören vor allem das Treppenhaus von Balthasar Neumann und darüber das größte Deckenfresko in der Welt von Giovanni Battista Tiepolo zu den Höhepunkten. Sehenswert sind neben der Hofkirche aber auch die Prunkräume, aus denen der prächtige Kaisersaal und das auf der Welt einmalige Spiegelkabinett herausragen. Auf dem Gang durch Theaterstraße und Juliuspromenade zum Main-

Linke Seite: Würzburgs Altstadt in der Abendsonne. Blick von der Festung Marienberg u. a. auf die Alte Mainbrücke, das Rathaus und den Dom. Hinten rechts die Residenz

Blick aus einer Laube des Hofgartens auf die von der Morgensonne angestrahlte Ostfront der Würzburger Residenz

Eines der bekanntesten Würzburger Fotomotive: die Alte Mainbrücke mit ihren steinernen Heiligenfiguren, darüber die Festung Marienberg und im Hintergrund links das von Balthasar Neumann erbaute Käppele. Drei Wahrzeichen Würzburgs, vereint auf einem Bild

Eines der Meisterwerke Tilman Riemenschneiders im Mainfränkischen Museum Würzburg: die trauernde Maria von Acholshausen (um 1505)

kai passiert man das **Bürgerspital** (gestiftet 1319) mit reizvollem Innenhof und die schlossartige Anlage des **Juliusspitals** (gestiftet von Julius Echter 1576), beide waren Spitäler für Arme und Kranke. Letzteres ist heute noch Krankenhaus und Altenheim. Die beiden Anlagen sind übrigens auch Domizil zwei der bekanntesten fränkischen Weinstuben.

Am Mainufer stehen der wuchtige **Alte Kranen**, errichtet 1773 und nebenan das Alte Zollhaus, heute Haus des Frankenweins, wo man einen Bocksbeutel erstehen kann. Mit prächtigen Blicken auf Festung Marienberg und Käppele erreicht man am Mainkai entlang die **Alte Mainbrücke**. Sie stammt von 1543 und wurde knapp 200 Jahre später mit dekorativen Heiligenfiguren bestückt.

Hier machen wir nun einen Abstecher (ca. 1 km) zur Festung Marienberg. Wir überqueren die Brücke und steigen über Zeller Straße und Tellsteige (Schilder Fußweg) hinauf zur Burg.

Auf der Festung Marienberg. Man schrieb das Jahr 1201, als mit dem Bau der Festung Marienberg begonnen wurde. In späteren Jahrhunderten folgten Änderungen und Erweiterungen, zuletzt im 17. Jh. durch den Umbau zum Renaissanceschloss und die Errichtung eines Rings wehrhafter Bastionen. Von 1253 bis 1719 war die Burg Residenz der Fürstbischöfe von Würzburg. Empfohlen wird ein Spaziergang durch die Anlage, beginnend im Zeughaushof mit dem **Mainfränkischen Museum** in Zeughaus und Echterbastei (Apr.–Okt. Di–So 10–17, Nov.–März 10–16 Uhr), einem der angesehensten Museen Bayerns. Zu bestaunen sind reiche Bestände fränkischer Kunst, so u.a. zahlreiche berühmte Plastiken von Tilman Riemenschneider, aber auch Porzellan, Möbel, Gemälde sowie Objekte aus Kunstgewerbe, Volkskunst und Weinkunde.

Durch das Echtertor geht es in den Mittleren Burghof mit Pferdeschwemme. Von dort führt durch das malerische, von zwei Rundtürmen eingefasste und mit Steinfiguren geschmückte Scherenbergtor von 1482 der einzige Zugang zum Inneren Burghof, der **Kernburg**. Hier sind u.a. der romanische Bergfried um 1200 mit Treppenturm von Interesse, auch die Marienkirche, die mit ihren frühromanischen Bauteilen als ältestes Baudenkmal des Marienbergs gilt, sowie der achteckige Renaissancebrunnen um 1600 und die verschiedenen Flügel der Kernburg (Führungen März–Okt. Di–Fr 11, 14, 15 und 16, Sa/So/Fei 10–16 Uhr stündlich außer 12 Uhr). Im Fürstenbau auf der Ostseite ist das Fürstenbaumuseum (März–Okt. Di–So 9–18, im Winter geschlossen) untergebracht. Es zeigt fürstbischöfliche Wohnräume sowie die Schatz- und Paramentenkammer mit reichen Sammlungen.

Zurück an der Alten Mainbrücke setzen wir den Altstadtrundgang fort und wenden uns zunächst dem nahe gelegenen **Rathaus** (seit 1316) zu. Der Komplex besteht aus mehreren Bauten, entstanden im Laufe der Jahrhunderte. Attraktivster Teil ist der Grafeneckart an der Domstraße, ein Geschlechterturm (um 1200) mit angefügtem Trakt. Er ist der älteste romanische Profan-

Grober Zeitplan für den Ausflug

9–10	Besuch Residenz
10–11	Stadtrundgang bis Alte Mainbrücke
11–15	Abstecher Festung und zweiter Teil Stadtrundgang
15–18	Radtour bis Veitshöchheim ggf. einschl. Schlossbesuch
18–19	Rückfahrt Würzburg

Romantisches Bauensemble auf der Festung Marienberg: das Scherenbergtor als Zugang zur Kernburg, links dahinter der Kiliansturm

Blick von der Alten Mainbrücke in die Würzburger Domstraße: links das Rathaus mit dem Grafeneckart, hinten die beherrschenden Türme des Doms St. Kilian

bau der Stadt. Im ersten Stock der Anlage befindet sich der sehenswerte Wenzelsaal aus dem 13. Jh., gegenüber steht der barocke Vierröhrenbrunnen von 1765. Neben dem Grafeneckart nach hinten gesetzt der sogenannte »Rote Bau« von 1660.

Am Ende der Domstraße erhebt sich der mächtige **Dom St. Kilian**. Er gilt als ein Hauptwerk der deutschen Romanik und wurde 1187 geweiht. In den Jahrhunderten danach erfuhr er zahlreiche bauliche Veränderungen, bis er beim Luftangriff im März 1945 vollkommen ausbrannte. Der Wiederaufbau außen erfolgte in alter Form, im Innern wurden Altar, Sakramentshaus und Chor neu gestaltet. Vom alten Bestand sehenswert sind viele Grabdenkmäler, darunter das des Fürstbischofs von Scherenberg, ein Werk Tilman Riemenschneiders, die Schönbornkapelle, eine von Balthasar Neumann geschaffene Grablege der gleichnamigen Fürstbischöfe sowie barocker Stuck in Querhaus und Chor und der Kreuzgang an der Südseite. Neben dem Dom steht das **Neumünster** aus dem 11. Jh., errichtet über der Grabstätte des Hl. Kilian. Die Kuppel und die barocke Fassade wurden erst 1716 hinzugefügt. Sehenswert ist u.a. eine Steinmadonna von Riemenschneider und ein Cruzifixus, aber auch das stimmungsvolle Lusamgärtchen an der Nordseite der Kirche mit dem Grabdenkmal für Walther von der Vogelweide.

Endpunkt des Rundgangs ist der Marktplatz, wo zwei Bauten das Bild bestimmen: das **Haus zum Falken**, einst Gasthaus, dann 1751

Markantes Bauensemble am Marktplatz von Würzburg: links die Marienkapelle, ein Glanzpunkt spätgotischer Baukunst, und rechts das stuckverzierte Falkenhaus

mit elegantem Rokokostuck verziert. Gleich dahinter erhebt sich beherrschend die **Marienkapelle** aus dem 14. Jh. Sie gilt als eine der bedeutendsten Hallenkirchen Frankens. Interessant sind vor allem die Torbogenfelder der drei Portale, im Innern aber auch Grabmäler fränkischer Ritter, Bürger und Künstler, so u.a. Balthasar Neumann, sowie eine »Schöne Madonna« um 1420. Vom Marktplatz aus geht es über Eichhorn-, Martin- und Hofstraße hinter dem Dom wieder zurück zum Residenzplatz.

Natürlich besitzt Würzburg noch weitere hochrangige Sehenswürdigkeiten, so Kirchen und Klöster, wie St. Burkard, Stift Haug oder das Käppele, aber auch die Anlage der Alten Universität, Letztere 1582 begründet von Fürstbischof Julius Echter. Sie alle kann man besuchen, wenn man noch einen Tag in Würzburg bleibt oder ein zweites Mal in die Stadt kommt.

Radtour nach Veitshöchheim. Jetzt besteigen wir unsere Fahrräder und starten zur Radtour, die ca. 24 km lang und bis auf den Anstieg in den Stein'schen Weinbergen steigungsarm ist. Über Kapuzinerstraße, Rennweger Ring und Berliner Platz erreicht man die Grombühlbrücke. Drüben geht es im Zick-Zack-Kurs links in die Grombühl-, dann rechts in die Ernst-Reuter- und am Ende wieder links in die Lindleinstraße. Von dieser rechts auf den Rimparer Steig. Nach 200 m biegen wir links in den Schalksbergweg ein und nehmen Kurs auf das Schlosshotel Steinburg, das spektakulär an der oberen Hangkante liegt. Highlights des 1 km langen Aufstiegs durch die berühmten Stein'schen Weinberge (siehe Kasten) sind prächtige Tiefblicke auf Würzburg, die Festung Marienberg und das Maintal. Am Ende mündet der Schalksbergweg in den Reußenweg, auf dem wir links zum Schlosshotel mit seiner Aussichtsterrasse kommen.

Würzburger Stein

Etwa 85 ha ist er groß, der Steilhang mit der weltbekannten Weinlage am Nordrand Würzburgs. Im Zentrum des langgestreckten Hangs mit Muschelkalkböden die Anbaufläche »Steinharfe«, Toplage dieses Weinbergs. Erste Anpflanzung von Weinreben 1665.

Besitzer der Weinberge sind zu je rund einem Drittel die Würzburger Weingüter Juliusspital, Staatlicher Hofkeller und Bürgerspital, Letzteres ist Alleininhaber der Lage Steinharfe. Von den zwölf angebauten Sorten dominieren Silvaner und Riesling.

Aussichtsterrasse des Schloss-hotels Steinburg: Wo könnte man sich besser von den Strapa-zen des Aufstiegs erholen!

Ein idealer Platz für eine kurze Rast.

Ob Pause oder nicht, fortgesetzt wird die Tour auf der Steinburg-straße, wo man wenig später in den Genuss einer langen Abfahrt nach Unterdürrbach kommt, um unten rechts in das Dürrbachtal einzuschwenken. Seine Marken-zeichen: alter Baumbestand und gepflegte Wohnanlagen an den Hängen. Die Straße selbst verfügt in den Orten über Radwege, im Übrigen halten sich Verkehr und Steigungen in Grenzen. Wir radeln also nach Norden weiter, passie-ren erst Unter- und Oberdürrbach, dann ein Waldstück und stoßen nach 4 km auf eine Querstraße, wo es rechts nach **Gadheim** geht. Direkt am Ortsrand folgen wir dem links abgehenden Sträßchen Richtung Veitshöchheim. Nach lang gezogener Abfahrt passiert man schließlich die Unterführung B27/Bahnlinie und gelangt zur Thüngersheimer Straße im Zentrum. Zum Besuch des Schlosses geht es auf Thüngersheimer- und Kirchstraße nach Süden zum Schlosseingang. Wer gleich nach Würzburg zurück möchte, erreicht über Eremitenmühlstraße und Mainlände den Steg über den Main.
Schloss Veitshöchheim (April–Okt. Di–So 9–18 Uhr, Führungen zur vollen Stunde) wurde 1682 fertiggestellt, diente zuerst als Jagd-haus und später als Sommerresidenz der Würzburger Fürstbi-schöfe. Umbauten zum Wohnschloss erfolgten um 1750 unter der

Glanzstück im Rokokogarten von Veitshöchheim: Ein See mit dem Figurenensemble Parnass, neun Musen umringen Apoll und darüber schwebt ein geflügeltes Dichterross.

Regie von Balthasar Neumann. Größere Berühmtheit besitzt freilich der ebenfalls von Würzburger Fürstbischöfen angelegte **Schlossgarten** (tgl. 7–20 Uhr) im Stil des Rokoko, einer der schönsten seiner Art in Deutschland. Er ist unterteilt in Schloss-, Wald-, Lauben- und Seenregion. Ein großer See mit Figurengruppe wird umrahmt von Heckensälen, Rondells, Pavillons und Lauben, verbunden mit einem Netz von Wegen und angefüllt mit nicht weniger als 300 Skulpturen Würzburger Hofbildhauer.

Blick vom Main-Radweg auf die weltbekannten Weinlagen des Stein und auf das Schlosshotel Steinburg

Rückfahrt: Vom Schloss aus steuern wir über Obere Maingasse und Mainlände den Steg über den Main an und wechseln das Ufer. Ein Uferradweg Richtung Würzburg verläuft zuerst neben einer Straße und bietet nur wenig reizvolle Ausblicke auf das Gegenufer. Dann aber wird das Gelände zusehends parkartiger und die Aussicht attraktiver. Ca. 9 km nach dem Uferwechsel erreicht man wieder die **Alte Mainbrücke** in Würzburg. Damit geht ein erlebnisreicher Ausflug zu Ende. Letzter Anlaufpunkt ist nun noch der Autoparkplatz oder der Hauptbahnhof.

Einkehr

Würzburg: Alte Mainmühle, Mainkai 1, mit Aussichtsterrasse; Juliusspital, Juliuspromenade 19, Freisitz; »Zum Stachel«, Gressengasse 1, Innenhof, (Mo Ruhetag); Backöfele, Ursulinengasse 2, überdachter Innenhof

Restaurant Steinburg, Auf dem Steinberg, Aussichtsterrasse

Veitshöchheim: Restaurant Weißes Lamm, Thüngersheimer Str. 5; Spundloch, Kirchstraße 19, kleine Terrasse

2 Quer durch den Bayerischen Spessart

Autofahrt ab Würzburg über Miltenberg und Mespelbrunn bis Aschaffenburg (160 km)

Anfahrt: Mit dem Auto ab München/Nürnberg A 9/A 3 und B 8/B 13, ab Augsburg A 7 sowie B 2/B 25 und B 19. Mit der Bahn nicht empfehlenswert
Karten: Reisekarte Franken: ADAC-Autokarte Bayern Nord, 1:200 000;
Region Spessart: Topografische Karte UK L 22 Naturpark Spessart (Blatt Süd), 1:50 000
Information: Würzburg: Touristinfo im Falkenhaus: Tel. 0931/ 37 23 98; www.wuerzburg.de
Spessart–Main–Odenwald in Aschaffenburg: Tel. 06021/39 42 71; www.spessart-touristinfo.de

Wir folgen zunächst dem Lauf des Mains, besuchen am Fluss gelegene malerische Städtchen und fahren dann von Miltenberg hinein in den Spessart zum Romantikschloss Mespelbrunn. Von dort geht es nach Aschaffenburg, wo mit Schloss Johannisburg ein letzter Höhepunkt unserer Reise wartet.

Von Würzburg bis Miltenberg. Falls Interesse an einem Rundgang in Würzburg besteht, siehe Ausflug Nr. 1. Ansonsten starten wir auf der B 27 und kommen nach **Karlstadt**. Die um 1200 gegründete Stadt wird umfasst von einer gut erhaltenen **Stadtmauer** mit Wehrtürmen und zwei Toren. Beachtung verdienen die **Pfarrkirche St. Andreas** mit spätgotischen Wandgemälden, Grabdenkmälern und Plastiken von Tilman Riemenschneider, des Weiteren das **Rathaus** mit Freitreppe und Staffelgiebel, schließlich die ehemalige fürstbischöfliche **Amtskellerei** als eines der ältesten Wohngebäude der Stadt und nicht zuletzt eine Reihe ansehnlicher **Fachwerkhäuser**.

Erste Station des heutigen Ausflugs: Karlstadt am Main, das nach Georg Dehio »eines der ansprechendsten Städtebilder Frankens« besitzt, hier mit seiner Hauptstraße

Information: Tel.: 09353/98 13 47;
www.karlstadt.de
Einkehr: Alte Brauerei, Hauptstr. 58,
Terrasse (Do Ruhetag); Hotel Mainpromenade,
Mainkaistr. 6, Uferterrasse

Wir verlassen jetzt ein kurzes Stück das
Maintal und folgen der Staatsstraße 2435
bis **Lohr**, einem schmucken Städtchen
am Main, dessen historische Wurzeln bis
ins 12./13. Jh. zurückreichen. Die Altstadt zeigt ein malerisches **Ortsbild** mit
heimeligen Gassen und Winkeln. Sehenswert sind u. a. das Renaissance-**Rathaus**
(um 1600) mit Treppenturm, die bedeu-

tenden Grabdenkmäler in der **Pfarrkirche St. Michael**, außer-
dem das ehemalige **Kurmainzer Schloss** (15.–17. Jh.) mit dem
Spessartmuseum (Di–Sa 10–16, So/Fei 10–17 Uhr) sowie alte
Fachwerkhäuser aus dem 16. Jh.

Heimeliger Platz in Lohr: links
das ansehnliche Renaissance-
Rathaus, rechts der stattliche
Gasthof Schönbrunnen mit
Straßenterrasse

Information: Tel.: 09352/194 33; www.lohr.de
Einkehr: Schönbrunnen, Hauptstr. 28, Straßenterrasse (Do Ruhetag);
Hotel Krone, Lohrtorstr. 2, Terrasse und Innenhof

Das traditionsreiche Gasthaus
Zum Riesen in Miltenberg mit
Straßenterrasse

Weiter geht es am Main entlang, mal am rechten, mal am linken
Ufer (siehe Karte), vorbei an Burg und Ort Rothenfels (Ortsbild!)
sowie an Wertheim und an der Burgruine Henneburg (12. Jh.).
Dann erreicht man **Miltenberg**. Seine Stadtgeschichte beginnt

21

Naturpark Spessart

Flaches Waldgebirge mit Höhen von 400 bis 600 m. Knapp 2500 qkm groß, gehören 70 % davon zu Bayern, der Rest zu Hessen. Eingegrenzt wird der Naturpark vom Mainviereck sowie den Flüssen Kinzig und Sinn. Der Hauptzug läuft von Miltenberg nach Schlüchtern und ist gut 70 km lang. Die abgerundeten Höhenrücken sind von Eichen und Buchen bestanden. Höchste Erhebung ist der Geiersberg auf bayerischer Seite mit 568 m. Der Spessart war zunächst reines Jagdgebiet, Ansiedelungen wurden erst ab dem 12. Jh. erlaubt, er ist jedoch heute noch dünn besiedelt. Von sich reden machte er besonders im 19. Jh. durch Räuberunwesen (Wirtshaus im Spessart!).

mit dem Bau der Mildenburg um 1225. Unterhalb entsteht eine Siedlung, die sich bis zum Ende des 14. Jh. weiter ausbreitet. Bis 1803 gehört die Stadt zum Kurfürstentum Mainz und wird 1816 endgültig bayerisch.

Liebhaber der Fachwerkarchitektur kommen in Miltenberg voll auf ihre Kosten. Wunderschöne und qualitätsvolle Beispiele, besonders an der Hauptstraße und rund um Marktplatz und Schnatterloch, zeugen noch von einer Blütezeit im 15./16. Jh. Man läuft am besten vom Engelplatz durch die Fußgängerzone. Gleich darauf passiert man das **Gasthaus zum Riesen**, das 1590 erbaut wurde und als ältestes Gasthaus Deutschlands gilt. An Nr. 137 folgt das ehemalige **Mainzer Kaufhaus**, errichtet um 1375, aber 1820 verändert. Dann erreicht man den Marktplatz und das links abgehende Schnatterloch. Dort sind mehrere Bauten von Interesse: Neben der **Stadtpfarrkirche St. Jakobus** u. a. die ehemalige **Mainzer**

Amtskellerei von 1541, heute Museum der Stadt Miltenberg (April–Okt. Di–So 10–17:30, im Winter 11–16 Uhr), das sogenannte »**Hohe Haus**« (1530) gegenüber mit vorkragenden Obergeschossen und Erkern sowie die oben thronende **Mildenburg** (13. Jh.) mit mächtigem Bergfried. Die Anlage kann man täglich nachmittags besuchen. Lohnenswert ist auch ein Abstecher zum Aschaffenburger Tor (ca. 1 km einfach) und dort zur **Friedhofskapelle St. Laurentius**. Sie besitzt eine kostbare Ausstattung.

Information: Tel.: 09371/40 41 19; www.stadt-miltenberg.de
Einkehr: Zum Riesen, Hauptstr. 97, Straßenterrasse

Durch den Spessart nach Mespelbrunn. Ab Miltenberg hat man das Maintal verlassen und sich nach Norden durch den Spessart auf den Weg zum **Schloss Mespelbrunn** gemacht, jenes malerisch in einem stillen Seitental gelegene und von Wasser umgebene Bauensemble. Es besteht aus drei Flügeln um einen Rechteckhof und einen wuchtigen Bergfried. Errichtet wurde es 1419 als Stammschloss der Familie Echter, zunächst als trutzige Wasserburg – der menschenleere Spessart war damals ein höchst unsicheres Terrain –, dann wurde es bis 1568 zum romantischen Renaissanceschloss umgebaut. Das heutige Aussehen geht im Wesentlichen auf diese Zeit zurück. Aus der Familie Echter stammt übrigens auch Julius Echter. Dieser war nicht nur Fürst-

Eines der schönsten Straßenbilder in Miltenberg am Schnatterloch: ein Ensemble pittoresker Fachwerkfassaden, aus denen das »Hohe Haus« von 1530 herausragt; darüber thront die Mildenburg.

Linke Seite:
Romantik pur! Von Wasser und Laubwäldern umgeben, wirkt das Stammschloss der Familie Echter in Mespelbrunn wie ein verwunschener Palast und ist doch nur alltägliches Domizil dieser Familie.

Das Wahrzeichen der Stadt Aschaffenburg schlechthin: Schloss Johannisburg, in seiner imposanten Gestalt Ausdruck von Macht und Reichtum des ehemaligen Mainzer Kurstiftes

bischof in Würzburg und Herzog in Franken, sondern auch Stifter das Juliusspitals (1576), Bauherr der Festung Marienberg und Gründer der Universität Würzburg (1583). Durch Heirat entstand 1648 eine neue Linie mit dem Namen »Grafen von Ingelheim genannt Echter von und zu Mespelbrunn«. Sie bewohnen noch heute das Schloss, das in Teilen auch der Öffentlichkeit zugänglich ist (Karfreitag–Allerheiligen tgl. 9–17 Uhr). Zu sehen sind u. a. Möbel, Gemälde, Porzellan und Waffen.

Schlussspurt nach Aschaffenburg. Eine kurze Autofahrt von gut 20 km und wir haben unser Tagesziel Aschaffenburg, auch »bayerisches Nizza« genannt, am Westhang des Spessarts nahe der Grenze zu Hessen erreicht. Schon 957 erstmals erwähnt, gehört die Stadt rund 850 Jahre ununterbrochen zum Kurfürstentum und Erzbistum Mainz, und zwar durchaus als eigenständiger und selbstbewusster Teil, wie ihre Funktion als Zweitsitz der Mainzer Erzbischöfe und später kurz als Hauptresidenz der Mainzer Kurfürsten beweist. 1814 schließlich fällt die Stadt an Bayern. Gegen Ende des Zweiten Weltkriegs wird sie durch Luftangriffe und Artilleriebeschuss schwer zerstört, danach wieder vollständig aufgebaut.

Wir wenden uns jetzt den wichtigsten Sehenswürdigkeiten der Stadt zu, nämlich Schloss Johannisburg, Pompejanum und Stiftskirche.

Schloss Johannisburg. 1122 erstmals erwähnt, wird die mittelalterliche Anlage um 1550 zerstört und bis 1614, diesmal als Renaissanceschloss, neu erbaut. Es ist nicht nur Wahrzeichen Aschaffenburgs, sondern gehört »zu den bedeutendsten Anlagen der deutschen Renaissance« (Georg Dehio). Vier dreigeschossige prächtige Flügel in kräftigem Sandstein-Rot umfassen einen Innenhof mit wuchtigen Ecktürmen und einem Bergfried, der noch aus dem 14. Jh. stammt. Im Innern können vor allem Mobiliar und Gemälde besichtigt werden (April–Sept. Di–So 9–18, im Winter 10–16 Uhr).

Pompejanum. Ebenfalls im Schlosspark steht in Schlossnähe am Mainhochufer das Pompejanum. Errichtet bis 1848, sollte damit eine Villa aus dem antiken Pompeji nachgebildet und Kunstliebhabern zugänglich gemacht werden. Auftraggeber war König Ludwig I., Architekt Friedrich von Gärtner. Die prächtig ausgemalten Räume mit Mosaikfußböden und römischen Kunstobjekten können besichtigt werden (Öffnungszeiten wie Schloss).

Stadtpfarrkirche St. Peter und Alexander. Für den Fall, dass Sie noch etwas Zeit haben oder einen zweiten Tag in Aschaffenburg verbringen, bietet die Stadt weitere hochrangige Sehenswürdigkeiten, vor allem die ehemalige Stiftskirche St. Peter und Alexander mit kunsthistorisch bedeutender Ausstattung (u.a. »Die Beweinung Christi« von Matthias Grünewald). Beachtenswert sind aber auch das Rathaus, das Theater, Schloss und Park Schönbusch, die Sandkirche und nicht weniger als neun Museen.

Information: Tel.: 06021/39 58 00 oder 01; www.aschaffenburg.de
Einkehr: Schlossweinstuben, im Schloss, Terrasse (Mo Ruhetag); Zum Fegerer, Schlossgasse 14, Innenhof; Zum Goldenen Ochsen, Karlstr. 16

Postskriptum Wertheim

Dass wir im Mainviereck wortlos an Wertheim vorbeigefahren sind, hat seinen Grund: Das Städtchen gehört nämlich zu Baden-Württemberg und nicht zu Franken. Dennoch: Wer es zeitlich einrichten kann, sollte einen kurzen Rundgang machen. Sehenswert sind u. a. die Stiftskirche, schöne Fachwerkfassaden und die fotogene Burgruine darüber.

Das Pompejanum von 1848 in Aschaffenburg am Hochufer des Mains

3 Besuch eines fränkischen Weinfestes

Wer die Franken in wenigen Stunden kennenlernen will, sollte ein Glas Wein mit ihnen trinken

Anfahrt: Siehe die einzelnen Orte und die Karte.
Karten: Reisekarte Franken: ADAC-Autokarte Bayern Nord, 1:200 000
Information: Tourismusverband Fränkisches Weinland in Würzburg,
Tel.: 0931/37 23 35;
www.fraenkisches-weinland.de
Tourismusverband Franken e.V. in Nürnberg,
Tel.: 0911/94 15 10;
www.frankentourismus.de
(Herausgeber der Broschüre *Franken – Wein. Schöner. Land!*)

Weinfeste in Mainfranken gehören zu den Höhepunkten im Weinjahr, für Gäste wie für Einheimische. Zur Wahl stellen wir Feste mit besonderem Flair und bieten zudem Wissenswertes rund um den Wein. So kann man – quasi als »Experte« – Wein und Schmankerln in geselliger Runde genießen.

Weinland Franken. Wer heute Weindörfer in Mainfranken besucht, kommt aus dem Staunen nicht mehr heraus: ein Dorf schöner als das andere! Überall mittelalterliche Ortskerne mit repräsentativen Rathäusern, schmucken Fachwerkfassaden und restaurierten Malerwinkeln, dazu stattliche Gasthöfe mit Straßenterrassen, und das Ganze umringt von Stadtmauern mit Türmen und Toren, manchmal auch gekrönt von einem Schloss oder einer Burgruine. Wissen muss man dabei: Vor fünf, sechs Jahrzehnten waren das noch – überspitzt ausgedrückt – »mausgraue« Bauern- oder Winzerdörfer, deren Bewohner andere Sorgen hatten als die Ver-

Ein strahlendes Dreigestirn zum Auftakt soll für fränkische Weinfeste begeistern. Drei »Große Gewächse«, also absolute Spitzenweine, von drei der namhaftesten Erzeuger in Franken: Horst Sauer in Escherndorf, Josef Störrlein in Randersacker und Juliusspital in Würzburg.

schönerung ihres Ortsbildes. Ähnlich verhält es sich mit dem Frankenwein. Was früher Landwirte und Winzer nach schwerer Tagesarbeit zur Brotzeit tranken, waren einfache, bodenständige, oft selbst angebaute und gekelterte Weine, ohne Qualitätsmerkmale, ohne Etikett. Heutzutage dagegen läuft in Franken eine regelrechte Qualitätsoffensive. Es gibt auch jetzt noch einfache Sommerweine, aber es gibt auch wunderbare Qualitätsweine, die auf diversen Verkostungen Goldmedaillen einheimsen, und es gibt absolute Spitzenweine, die den fränkischen Wein auch international salonfähig gemacht haben. Die Weinwelt in Mainfranken hat sich gewandelt, grundlegend!

Fränkische Weinfeste. Romantische Dorfkulissen und Weinvielfalt – was liegt da näher, als diesen Rahmen für stimmungsvolle Weinfeste zu nutzen. So wurden beispielsweise 2011 und 2012 jeweils über 100 Weinfeste in Szene gesetzt, kleinere Dorffeste und Heckenwirtschaften nicht mitgerechnet. In Letztere lädt der Winzer im Frühjahr und vor allem im Herbst ein und kredenzt deftige kleine Speisen zu jungem, gärendem Wein aus eigenem Anbau, »Bremser« genannt.

Doch Weinfest ist nicht gleich Weinfest! Es gibt einfachere Dorffeste mit ein paar Buden, wo man Wein und Bratwürste selber holen muss.

Viele Weinfeste aber bieten neben der schönen Ortskulisse eine größere Auswahl fränkischer Spezialitäten und Weine, die von freundlichen Bedienungen serviert werden. Musik hält

Licht- und Schattenspiele über Escherndorf und seiner berühmten Weinlage, »Escherndorfer Lump«

Natürlich gehört zu einem richtigen Weinfest immer auch eine zünftige Blasmusik, wie hier beim renommierten Weinfest in Sommerach am Main.

Romantik pur beim Weinfest in Homburg am Fuße des fachwerkverzierten Schlosses

sich im Hintergrund. Als ältestes fränkisches Weinfest gilt übrigens das in Escherndorf.

Ja, und dann gibt es noch Weinfeste, die Zertifizierungskriterien der Kampagne »Franken – Wein.Schöner.Land!« erfüllen, als da sind: stilvolles Ambiente, kontrollierte Weinqualität, regionale fränkische Spezialitäten sowie ein ausgewogenes Musikprogramm. Dazu kompetentes und freundliches Fachpersonal. Diese Weinfeste gelten als besonders empfehlenswerte Veranstaltungen. Naturgemäß kann sich die Liste dieser schönen Weinfeste von Jahr zu Jahr ändern. Greifen wir eine Handvoll Weinfeste heraus, die in den vergangenen Jahren die Zertifizierungskriterien erfüllt haben.

Weinfest Sommerach. Diese Veranstaltung gilt nach Einschätzung des fränkischen Tourismusverbandes als ein »Highlight unter den fränkischen Winzerfesten«, das »Stil, Atmosphäre und gepflegte Weinkultur« ausstrahlt. Es findet im Juli im historischen Ortskern statt, wo die Winzer persönlich ihre Weine ausschenken.

Anfahrt: Mit dem Auto: Lage und zuführende Straßen siehe Karte. Mit der Bahn bis Kitzingen (ca. 14 km südlich), von dort weiter mit Bus bis Sommerach
Übernachtung: Gasthof Zum Schwan, Hauptstr. 10; Ferienwohnung; Zum Rosenberg, Zum Rosenberg 3; Weingut Otmar Zang, Zum Katzenkopf 2
Information: Tel.: 09381/12 29; www.sommerach.de

Kulinarisches Weinfest Nordheim. Fränkische Spezialitäten und kleine internationale Speisen sowie eine große Auswahl Nordheimer Weine geben diesem Fest seinen Namen. Es findet alljährlich im September in einem dafür errichteten Weinzelt statt.

Anfahrt: Mit dem Auto: Lage und zuführende Straßen siehe Karte. Mit der Bahn über Würzburg bis Seligenstadt, von dort weiter mit Bus
Übernachtung: Hör Gästezimmer, Zehnthofstr. 1; Ferienwohnung Weinbau Neubert, Raiffeisenstr. 25; Ferienwohnung Weingut Rudloff, Mainstr. 19. Empfehlenswerte Übernachtungsmöglichkeiten auch im benachbarten Volkach
Info Tel.: 09381/28 66 (Gemeindeverwaltung)

Homburger Weinfest. Ende Juli/Anfang August geben sich Weinfreunde im romantischen Schlosshof in Homburg vor der Fachwerkkulisse des Schlosses ein Stelldichein. Im Angebot dieses Festes sind auch hier regionale Weine und diverse fränkische Speisen.

Anfahrt: Mit dem Auto: Lage und zuführende Straßen siehe Karte. Mit der Bahn bis Würzburg, von dort weiter mit Bus über Marktheidenfeld nach Triefenstein
Übernachtung: Weinkrug, Maintalstr. 19; Zum Güldenen Rösslein, Burkardusplatz 1
Information: Markt Triefenstein: Tel.: 09395/97 01 33

Würzburger Weinfeste. Drei Feste sollen hervorgehoben werden. Sie bieten einen besonders schönen Rahmen sowie eine einmalige Wein- und Speisenvielfalt.

Das *Würzburger Weindorf* steigt als erstes Weinfest zum letzten Maiwochenende auf dem Marktplatz vor der historischen Kulisse des Falkenhauses und der Marienkapelle. Wein- und Sektlauben reihen sich aneinander und bieten alles, was das Herz begehrt: über 100 verschiedene Weine und fränkische Spezialitäten vom Feinsten.

Das *Hofgartenfest des Staatlichen Hofkellers* im Hofgarten der Residenz folgt Ende

Bild unten: Jubel, Trubel, Heiterkeit herrschen beim Weinfest in Sommerach alljährlich im Juli. Es gilt als besonders empfehlenswert.

Bild ganz unten: Die »Weinparade« in Würzburg auf dem Marktplatz am Fuße der altehrwürdigen Marienkapelle. Das Weinfest richtet sich an gehobene Ansprüche. Unter weißen und blauen Zelten werden Weine aller Qualitätsstufen auch in kleinen Mengen ausgeschenkt, dazu gibt es fränkische und internationale Leckerbissen.

Juni/Anfang Juli. Zu den diversen Weinen des Hofkellers liefert die Residenzgaststätte die passenden Speisen.

Die *Weinparade* fand 2008 erstmalig auf dem Würzburger Marktplatz in weißen und blauen Pagodenzelten statt, und zwar Ende August/Anfang September. Das Fest erfüllt – wie das Weindorf – auch höhere Ansprüche: Angeboten werden über 100 Weiß- und Rotweine bis hin zum Eiswein und dazu passend fränkische Leckerbissen.

Anfahrt: Mit Auto oder Bahn
Übernachtung: Auskunft über Würzburger Hotels in diversen Preisklassen bei Congress- und Tourismuszentrale, Tel.: 0931/37 23 35

Kleine Weinkunde. Nicht nur auf dem Weinfest, auch im häuslichen Gebrauch können ein paar Grundkenntnisse über Wein nützlich sein. Beginnen wir mit den **Rebsorten**. Rund 20 davon gibt es in Franken, die wichtigsten weißen sind Müller Thurgau (über 40 % der Anbaufläche), Silvaner (gut 20 %) und Bacchus (gut 10 %). Bei den roten Rebsorten dominieren der Spätburgunder und der Domina (beide ca. 2,5 %).

Qualitätsstufen. Jeder fränkische Wein muss sich einer amtlichen Qualitätsprüfung unterziehen und erhält danach eine Amtliche Prüf-Nr. (A.P.Nr.). Sie steht auf dem Etikett.

In Deutschland gelten zwei Klassifizierungssysteme: einmal im Deutschen Weingesetz die Unterscheidung nach Tafelwein, Landwein, Qualitätswein und Prädikatswein, bei Letzterem z.B. nach Kabinett, Spätlese und Auslese. Zum Anderen die VDP.-Klassifikation mit ihren vier Stufen: VDP.Gutswein (klassische Gutslagen), VDP.Ortswein (hochwertige Weinberge eines Ortes),

Wer glaubt, fränkische Weinfeste gäbe es nur in Franken, irrt! Alljährlich findet im Alten Hof, der ersten Residenz der Wittelsbacher in München (1253–1474), ein Fränkisches Weinfest statt, das sich durch stimmungsvolles Flair auszeichnet.

VDP.Erste Lage (erstklassige Weinberge) und VDP.Große Lage (hochwertigste parzellengenaue Lagen). Welche Qualitätsbezeichnung verwendet wird, hängt davon ab, für welches System sich das betreffende Weingut entschieden hat.

Hier noch einige Hinweise, die den Umgang mit Wein erleichtern.

Der **Oechslegrad** eines Weins gibt an, um wie viel Gramm ein Liter Most wegen des enthaltenen Zuckers schwerer ist als ein Liter Wasser. Je höher der Oechslegrad, desto mehr Zucker und desto höher der Alkoholgehalt. Der **Alkoholgehalt** eines Frankenweins schwankt etwa zwischen 10 (leichte Sommerweine) und 14 Vol.-% (schwere Rotweine). Das Volumenprozent hat 8 Gramm reinen Alkohol. Ein Wein mit beispielsweise 12 Vol.-% hat also im Liter 96 Gramm reinen Alkohol, in einem 0,2-Glas demnach knapp 20 Gramm.

Weinflasche und Etikett: Qualitätsweine ohne Prädikat sind meist in weißen Bocksbeuteln oder in Bordeauxflaschen enthalten. Klassische Prädikatsweine und Spitzenweine dagegen werden in grüne Bocksbeutel oder in Burgunderflaschen abgefüllt. Das Etikett einer Weinflasche gibt Auskunft über die wichtigen Merkmale eines Weins (siehe Bild rechts mit Erklärungen). **Ausbauart:** Man unterscheidet liebliche, halbtrockene und trockene Weine. Letztere dürfen in Franken nicht mehr als vier Gramm Restzucker im Liter haben. Qualitätsweine mit Prädikat dürfen auf keinen Fall mit Zucker angereichert werden.

Weinprämierungen. Vom Fränkischen Weinbauverband werden alljährlich Bronze-, Silber- und Goldmedaillen verliehen, die zehn besten Frankenweine erhalten die Auszeichnung »*Best of Gold*«. Ebenfalls jährlich vergibt der Bayerische Staatsminister für Landwirtschaft und Forsten den *Bayerischen Staatsehrenpreis* an drei herausragende Weinbetriebe.

Doch der Frankenwein sammelt inzwischen auch internationale Preise ein. Die »International Wine and Spirit Competition« in London, die »Canberra International Riesling Challenge« und die »AWC-Vienna – International Wine Challenge« in Wien sind drei der wichtigsten Veranstaltungen, auf denen fränkische Winzer bedeutende Preise errungen haben (siehe Kasten rechts).

Das Etikett aus Klingenberg informiert über alles, was man von dem Wein wissen muss: Erzeuger, Weinjahr, Weinlage, Rebsorte, Qualitätsstufe, Alkoholgehalt, Amtliche Prüfnummer und die Auszeichnungen.

Fränkische Preisträger

Mehrere Male schon wurde der Eschern-dorfer Winzer Horst Sauer in London zum »German Wine Producer oft the Year« gekürt. Auch der Winzerkeller Sommerach war auf diversen Veranstaltungen mehrfach Preisträger. Und in Canberra wurde eine Riesling Beerenauslese des Würzburger Juliusspitals zum »Best Riesling in the world« gewählt.

4 Zum »Heiligen Berg der Franken« in die Rhön

Autorundfahrt von Hammelburg zum Kreuzberg und weiter nach Bad Kissingen (ca. 130 km)

Anfahrt: Mit dem Auto ab München/Nürnberg A 9/A 3 und A 7, ab Augsburg A 7, in beiden Fällen bis AS Hammelburg
Karten: Reisekarte Franken: ADAC-Autokarte Bayern Nord, 1:200 000
Information: Rhön, Bad Neustadt an der Saale, Tel.: 09771/946 70; www.rhoen.de
Bad Kissingen, Tel. 0971/804 80; www.badkissingen.de

Wir drehen eine beschauliche Schleife durch das nördliche Unterfranken. Start ist in Hammelburg, der ältesten Weinstadt Frankens, dann geht es auf den Kreuzberg, höchste Erhebung der Bayerischen Rhön und »Heiliger Berg der Franken«, und von dort in das renommierte bayerische Staatsbad Kissingen.

Start in Hammelburg. Die 716 erstmals urkundlich genannte fränkische Burg schenkt Karl der Große 777 dem Kloster Fulda. Schon damals werden Weinberge erwähnt, weshalb Hammelburg heute als älteste Weinstadt Frankens gilt. Stadtrecht seit 1303. Ein verheerender Brand 1854 vernichtet den Stadtkern und viele wichtige Bauten.

Beachtung verdienen beim Rundgang u. a. die **Kirche Johannes der Täufer** mit kostbarer Ausstattung (Gemälde, Schnitzfiguren, Grabsteine), das ehemalige **Schloss** mit vier Flügeln, das **Rathaus** mit Treppengiebel (nach Stadtbrand erneuert) sowie der schöne **Renaissancebrunnen** von 1541 am Marktplatz mit Rundbogen und Baldachin. Außerhalb der Stadt thront **Burg Saaleck** über dem Tal.

Blick vom Kreuzberg nach Norden über die Kuppe des Arnsbergs bis zu den bewaldeten Höhenzügen nördlich von Wildflecken

Information: Tel.: 09732/90 24 30; www.hammelburg.de
Einkehr: Weinhotel Müller, Am Marktplatz 12, Straßenterrasse (Di Ruhetag); Stadtcafé, Am Marktplatz 8, Straßenterrasse

Fahrt zum Kreuzberg. Über die A 7 und eine Staatsstraße (siehe Karte) gelangt man nach Wildflecken, bekannt durch einen Militärübungsplatz, und von dort der Beschilderung nach hoch zum Kreuzberg. Mit seinen 928 m ist er im bayerischen Teil der Rhön nicht nur der höchste Gipfel, sondern auch das beliebteste Ausflugziel.

Das erste Kreuz auf dem Gipfelplateau soll 686 der Hl. Kilian errichtet haben, irischer Missionsbischof und späterer Schutzpatron der Franken und der Stadt Würzburg. Seitdem gilt der Kreuzberg als »Heiliger Berg der Franken«. 1644 wird auf dem Berg ein Franziskanerkloster geründet, das heute noch zusammen mit seiner Klosterbrauerei betrieben wird. Schon wenige Jahre später (1647) setzt die Wallfahrt zum Kreuzberg ein und blüht heute noch. Bis zu 80 Wallfahrten jährlich haben den Berg zum Ziel, teilweise mit einer Streckenleistung von mehr als 100 km. Sehenswert auf dem Gipfelplateau sind unter anderem Reste einer keltischen Fliehburg, die

Bild unten: Der filigrane Renaissancebrunnen auf dem Hammelburger Marktplatz mit vier Säulen und Rundbogen. Er stammt aus dem Jahr 1541, der Baldachin darüber wurde erst 1669 aufgesetzt.

Bild ganz unten: Vom Gipfelplateau des Kreuzbergs mit den drei steinernen Golgathakreuzen an der 12. Station des Kreuzwegs blickt man auf die sanften Hügel der Rhön.

Man erkennt es sofort: Der Biergarten des Klosters Kreuzberg ist ein außerordentlich beliebter Platz, um sich von den Mühen des Gipfelaufstiegs zu erholen.

Wallfahrtskirche mit goldverzierten Altären sowie der vom Kloster zum Gipfel und zu den drei großen Golgathakreuzen führende Kreuzweg. Bemerkenswert ist nicht zuletzt die umfassende Fernsicht vom Gipfelplateau nach allen Seiten.

Der malerische Moorsee im Naturschutzgebiet Rotes Moor

Abstecher zum »Roten Moor«. Naturfreunden wird nach Abfahrt vom Kreuzberg ein Abstecher zu dem sieben km nördlich von Bischofsheim an der B 278 gelegenen Naturschutzgebiet empfohlen, auch wenn es schon zur Hessischen Rhön gehört. Es besitzt eine einzigartige und urwüchsige Natur und ist deshalb besonders sehenswert. Das 50 ha große Gebiet ist ein Hochmoor, bestehend aus einem Kleinen und einem Großen Moor. Letzteres ist durch Torfabbau ziemlich geschädigt. An einem Stausee und einer Infohütte vorbei führt ein von Karpatenbirken flankierter Bohlensteg als Teil eines Moorlehrpfades zum Großen Moor, wo ein Aussichtsturm steht. Das Rote Moor ist nach dem weiter nördlich liegenden Schwarzen Moor auf bayerischer Seite das zweitgrößte Moor der Hochrhön.

Über Bad Neustadt nach Münnerstadt.
Wir folgen ab Bischofsheim der B 279 und kommen nach Bad Neustadt an der Saale. Bei einem kurzen Rundgang werfen wir einen Blick in die klassizistische Kirche Mariä Himmelfahrt und die prächtig ausgestattete ehemalige Karmelitenklosterkirche

Fachwerkgeschmückte Bürgerhäuser am Marktplatz in Münnerstadt. Im Hintergrund die Kirche St. Maria Magdalena mit dem Riemenschneider-Altar

sowie auf die Stadtbefestigung mit dem 34 m hohen Hohntor und auf einige ansehnliche Bürgerhäuser am Marktplatz und in der Hohnstraße.

Dann geht es weiter auf der B 19 nach **Münnerstadt**. Vor über 1200 Jahren wurde es erstmals erwähnt und gilt heute als ein besonders malerisches Rhönstädtchen. Seine Pfarrkirche St. Maria Magdalena ragt kunsthistorisch heraus, denn sie besitzt einen Hochaltar von Tilman Riemenschneider, wertvolle Glasgemälde sowie bedeutende Bildwerke aus Stein und Holz. Sehenswert sind aber auch die Stadtbefestigung mit drei mächtigen Tortürmen (13.–15. Jh.), das fachwerkverzierte und im Kern spätgotische Rathaus sowie die Zehntscheune der Würzburger Bischöfe (17. Jh.) und eine Reihe schöner Bürgerhäuser.

Im Staatsbad Kissingen. B 19 und B 287 führen uns schließlich ins anmutige Tal der Fränkischen Saale und in das bayerische Staatsbad. Erstmals genannt werden 801 die Stadt und 823 die Salzquellen. Ab 1394 gehörte Kissingen zum Bistum Würzburg, begrüßte 1520 den ersten Kurgast und fiel 1814 an Bayern. Heute genießt der Kurort Weltruf. Begründet im 19. Jh., gaben sich bald Kaiser, Könige und Staatsmänner bei Kuren ein Stelldichein. Zu den Gästen gehörten u. a. Kaiser Franz Josef I. und Kaiserin Elisabeth aus Österreich, Zar Alexander II., Reichskanzler Fürst von Bismarck und **König Ludwig II.**, der Kissingen 1883 zum »Bad« erhob.

Das schmucke Alte Rathaus in Bad Kissingen von 1577 am verkehrsfreien Marktplatz beherbergt heute ein Museum.

Unter den bürgerlichen Bauten der Stadt ragen das **Alte Rathaus** von 1577 mit Barockportal sowie einige schöne Bürgerhäuser hervor. Prägend für die Stadt aber sind die **Kuranlagen**, also die von 1834 bis 1913 entstandenen Bauten rund um den Kurgarten. Dazu gehört der Regentenbau (1910–13) von Max Littmann, »ein Hauptwerk Münchener Architektur« (Georg Dehio) und prächtigstes Gebäude der Kuranlagen. Nach Süden schließen sich Arkadenbau mit Kursaal (1834–36) von Friedrich von Gärtner so-

Der Ruf Kissingens als elegantes Kurbad wird vor allem durch die noblen Kuranlagen begründet. Hier blickt man über den Kurgarten auf den Arkadenbau mit Kursaal.

wie Wandelhalle und Brunnenhaus (1911–1912) von Littmann an. Zu nennen sind auch der neuklassizistische Maxbrunnen (1911) sowie Luitpoldbad und Luitpoldcasino im Luitpoldpark jenseits der Saale.

Museum: Bad Kissingen, u. a. Museum Obere Saline (Schwerpunkte Salzgewinnung und Heilbadgeschichte) mit Bismarck-Museum (Mi–So 14–17 Uhr)
Einkehr: Bad Neustadt/Saale: Romantikhotel Schwan & Post, Hohnstr. 35. Münnerstadt: Bayerischer Hof, Am Marktplatz 9, Straßenterrasse. Bad Kissingen: Ratskeller, Rathausplatz 1, Terrasse; Kurgarten Café, Am Kurgarten 8, Terrasse (Mo Ruhetag)

Der neuklassizistische Regentenbau der Kuranlagen Bad Kissingens aus dem Jahr 1913, von der Straße aus gesehen

5 Auf der »Straße der Fachwerkromantik«

Autorundfahrt ab Haßfurt durch die Haßberge und zurück über Ebern und Zeil (ca. 120 km)

Anfahrt: Mit dem Auto ab München/Nürnberg A 9/A 3 sowie A 73/A 70, ab Augsburg A 7/A 70
Karten: Reisekarte Franken: ADAC-Autokarte Bayern Nord, 1:200 000
Information: Haßberge in Hofheim/Unterfranken, Marktplatz 1, Tel.: 09523/503 37 10; www.hassberge-tourismus.de

Straße der Fachwerkromantik – das bedeutet kunstvolle Fachwerkfassaden und malerische Straßenwinkel. Schauplatz ist der Naturpark Haßberge, durch den Teilstücke der Straße führen. Der Ellertshäuser See und die frühgotische Kirchenburg in Serrfeld bringen Abwechslung in die Fachwerkparade.

Haßfurt und Haßberge. Die langgestreckte sanfte Hügelkette der Haßberge – grob gesehen zwischen Bamberg und Bad Königshofen – hat eine Fläche von rund 800 qkm. Ihre höchsten Kuppen liegen knapp über 500 m. Die Hälfte des Naturparks ist bewaldet und wird durchschnitten von schmalen Wiesentälern.

Haßfurt liegt am südwestlichen Rand der Haßberge und ist Kreisstadt des gleichnamigen Landkreises. Gegründet 1230 und wenige Jahre später bereits mit Stadtrechten ausgestattet, hatte der Ort im 16. und 17. Jh. unter Pestepidemien und Kriegseinwirkungen zu leiden und wurde schließlich Anfang des 19. Jh. bayerisch.

Wunderschönes Fachwerkensemble an der Marienstraße in Königsberg/Bayern

Ein Bummel vom Würzburger Tor durch die von schönen Fachwerkhäusern flankierte Hauptstraße zum Bamberger Tor macht uns mit den wichtigsten Sehenswürdigkeiten der Stadt bekannt. Die beiden wuchtigen **Tortürme** aus dem 16. Jh. sind Restbauten der einstigen Stadtbefestigung. Auf Höhe des Marktplatzes passiert man das **Alte Rathaus** mit Treppengiebeln von 1521, das allerdings im 18./19. Jh. verändert wurde. Gleich dahinter die spätgotische **Pfarrkirche St. Kilian** mit Schnitzwerken von Tilman Riemenschneider und seiner Werkstatt. Unmittelbar vor dem Bamberger Tor das ehemalige **Fürstbischöfliche Amtshaus**, heute Landratsamt, und die dreigeschossige ehemalige **Fürstbischöfliche Zehntscheune** (1515) mit Treppengiebel. 150 m hinter dem Bamberger Tor steht die **Ritterkapelle St. Maria** (15. Jh.). Das spätgotische Marienheiligtum enthält beachtliche Kunstwerke, u. a. schöne Stein- und Holzfiguren, 248 Wappenschilde, Grabmäler und Schmuckportale.

Information: Tel.: 09521/68 82 27; www.hassfurt.de
Einkehr: Walfisch, Obere Vorstadt 8; Mainaussicht, Fischerrain 8, Terrasse

Idylle Königsberg in Bayern. Wir verlassen Haßfurt auf der Hofheimer Straße und erreichen

Links: Das Bamberger Tor (16. Jh.) in Haßfurt, davor ehemalige fürstbischöfliche Bauten, so das Amtshaus und die Zehntscheune mit Treppengiebel

Rechts: Neben den Fachwerkfassaden ein weiteres Beispiel für den Kunstsinn der Königsberger Bürger: die aus einem Stamm geschnitzte Frauenfigur am Salzmarkt

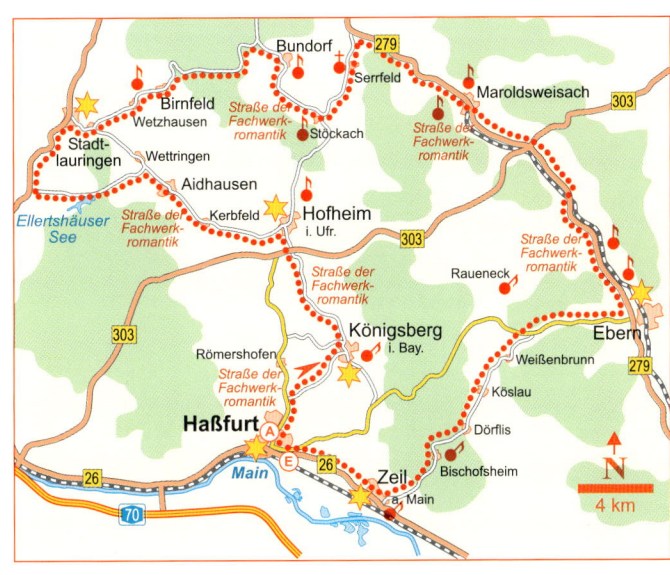

Das Regiomontanushaus im bayerischen Königberg

nach zirka 10 km Königsberg in Bayern. Kaum im Ortskern angekommen, gerät man ins Schwärmen! Ein Städtchen mit so malerischen Fachwerkgassen und -plätzen findet man weit und breit nicht mehr. Die Website des Ortes meint: »Ein Fachwerkensemble von europäischem Rang«. Die Geschichte Königsbergs reicht bis ins 12. Jh. zurück, in der Folge wechselte häufig der Besitzer, 1921 fiel es an Bayern.

Seine **Marienkirche** gehört zu den »ansehnlichsten fränkischen Pfarrkirchen« (Georg Dehio) und imponiert mit sehenswerter Ausstattung. Am Marktplatz auch das fachwerkgeschmückte **Rathaus** aus dem 17. Jh., davor ein Brunnen mit Denkmal und an der Seite das Hotel »Zum Goldenen Stern«. Gleich um die Ecke läuft der **Salzmarkt** hinauf, der wohl schönste Straßenzug des Städtchens. Ein schmuckes Fachwerkhaus schließt an das andere, darunter das **Regiomontanushaus** mit Fassade von 1886, das Geburtshaus des gleichnamigen Astronomen und Mathematikers. Gepflasterte Straßen tun ihr Übriges zu dem romantischen Bild.

Das Ganze wird umringt von einer weitgehend erhaltenen **Stadtmauer** mit drei Tortürmen und überragt von der **Ruine** der Stauferburg, in der sich noch Reste aus dem späten Mittelalter finden. Von oben bieten sich wunderbare Ausblicke auf die Haßberge.

Prachtmeile in Königsberg: der Salzmarkt mit einer Parade schöner Fachwerkhäuser

Information: Tel.: 09525/922 20; www.koenigsberg.de
Einkehr: Café-Restaurant Zum Pflasterstein, Salzmarkt 11, Innenhof;
Café Eiring-Herrenschenke, Marienstr. 3, Biergarten

Über Hofheim nach Stadtlauringen. Schweren Herzens verlassen
wir Königsberg wieder und steuern das 9 km nördlich gelegene **Hofheim** an. Die von Resten der alten Befestigung mit Torhäusern und
Türmen umringte Stadt besitzt einen ansehnlichen Ortskern. In ihm
gefallen die Apotheke, ein ehemaliger Zehnthof von 1581, der als ältestes bekanntes Bürgerhaus im gesamten Landkreis Haßberge gilt,
und das Gasthaus »Fränkischer Hof« von 1685 mit Wappenschildern
und folgender amüsanter Inschrift: »Bauen ist eine schöne Lust –
Bauen habe ich gemust – Aber ich habe nicht gewust – Wie
das Bauen soviel kust« (Website Hofheim). Die
spätgotische Pfarrkirche Johannes der Täufer
birgt Schnitzwerke verschiedener Epochen.
Auf dem Weg nach Stadtlauringen machen wir
kurz hinter Aidhausen einen Abstecher zum
Ellertshäuser See. Der von Wald eingesäumte
Stausee, angelegt zur Hochwasserregulierung
und als Naherholungsgebiet, ist mit 33 ha der
größte See Unterfrankens. Seine Tiefe misst bis
zu 14 m. Dort kann man baden, tauchen, segeln
und (mit Genehmigung) angeln, einige Ab-

Beliebtes Naherholungszentrum
dieser Region: der Ellertshäuser
See

Das schmucke Ortszentrum von
Hofheim, u. a. mit der ehemaligen Zehntscheune in der Bild-
mitte, heute eine Apotheke

Die Serrfelder Kirchenburg mit Kirche aus dem 14. Jh., mächtigem fachwerk-geschmücktem Chorturm und kleinem Gaden an der Seite

schnitte stehen allerdings unter Naturschutz. Gleich nebenan befindet sich das Restaurant »Seeblick« mit behaglichem Biergarten.

Nun fahren wir noch das kurze Stück nach **Stadtlauringen** und legen am Marktplatz einen Halt ein. Hier imponieren wieder einige ansehnliche Fachwerkfassaden, darunter die des Rathauses von 1563.

Information: Stadtlauringen: Tel. 09724/910 40

Zur Kirchenburg in Serrfeld. Nach längerer Zick-Zack-Fahrt über Birnfeld und Bundorf (siehe Karte) landen wir in Serrfeld und wenden uns zuerst der Kirchenburg zu. Kirchenburgen sind Kirchen, die von einem eigenen Befestigungsring mit Türmen und Toren umgeben sind. Sie waren früher ein sicherer Ort, wo Bürger nicht nur ihre Religion ausüben, sondern in die sie sich bei Gefahr auch mit ihrer Habe zurückziehen konnten.

Die Serrfelder Anlage, bedeutendste Anlage dieser Region, soll bereits im 11. Jh. entstanden sein. Die frühgotische **Chorturmkirche**, die im Innern einen Altar mit Schnitzwerken besitzt, und der Tor- und Eckturm im Eingangsbereich stammen aber wohl aus dem 14. Jh. Ursprünglich waren es in der Kirchenfestung 28 Gaden (Einzelräume), die ab 1880 niedergerissen wurden. Sehenswert ist auch das stattliche Fachwerkhaus von 1739 an Nr. 6 im Ort.

Finale in Ebern und Zeil am Main. Die B 279 führt uns weiter nach Ebern. Dort wenden wir uns zuerst der **Pfarrkirche St. Laurentius** mit ältesten Bauteilen aus dem 14. Jh. zu. Ihre Glanzstücke im Innern sind neben anderen ein prächtiger Barockaltar (1699), eine Steinkanzel (1583), Figuren und Glasgemälde sowie Grabdenkmäler. Eindrucksvoll auch das **Historische Rathaus** am Marktplatz mit besonders schöner Fachwerkfassade im

Burgen und Ruinen

Neben Fachwerkidyllen wimmelt es in den Haßbergen nur so von Burgen, Schlössern und Ruinen. Allein an der hier vorgestellten Route liegen u. a. die Schlösser Bettenburg (Hofheim), Wetzhausen (Stadtlauringen), Bundorf, Stöckach (vor Serrfeld), Birkenfeld und Maroldsweisach sowie Fischbach und Eyrichshof (Ebern); außerdem die Ruinen Königsberg, Raueneck (Ebern) sowie Bischofsheim und Schmachtenberg (Zeil). Siehe auch Karte.

oberen Teil (1690) und vier steinernen Rundbogen unten (1604).

Etwas weiter unten am Marktplatz ragt als imposantester Bau der Stadtbefestigung der **Grauturm** 41 m in den Himmel.

Nun steuern wir auf kürzestem Wege über Dörflis die letzte Station unserer heutigen Reise an: **Zeil am Main**. 1018 zum ersten Mal urkundlich erwähnt, ist Zeil seit 1379 Stadt. Heute kann es neben Königsberg das wohl schönste Ortsbild in den Haßbergen vorweisen. Besonders am Marktplatz fallen das **Rathaus** von 1540 mit Fachwerkobergeschoss und – links anschließend – drei weitere schmucke Fachwerkhäuser ins Auge. Dahinter die **Pfarrkirche St. Michael** von 1713, die u. a. mit Rokokostuckaturen, Deckengemälden und spätgotischen Holzfiguren aufwarten kann. Weitere sehenswerte Beispiele an **Fachwerkarchitektur** findet man in der Hauptstraße (Nr. 3 und 8) und in der Speiersgasse (Nr. 3, 4 und 17), alle aus dem 16./17. Jh. Lohnend ist auch ein Gang zur **Stadtbefestigung** mit dem Oberen Tor.

Mit Rosen geschmückte Reste der Zeiler Stadtbefestigung aus dem 14./15. Jh.

Information: Ebern: Tel.: 09531/629 14; www.ebern.de. Zeil am Main: Tel.: 09524/94 90; www.zeil-am-main.de
Einkehr: Ebern: Gasthof Post, Bahnhofstr. 2 (Mo Ruhetag). Zeil am Main: Brauereigasthof Göllert, Speiersgasse 21, Biergarten (Di Ruhetag, Juni bis August kein Ruhetag)

Marktplatzpanorama in Zeil am Main: rechts das dreigeschossige Rathaus mit Fachwerkschmuck im Obergeschoss, dahinter die Pfarrkirche St. Michael und links drei schöne Bürgerhäuser

6 Frankenidylle zwischen Main und Steigerwald

Besuch namhafter Winzerdörfer im Herzen des fränkischen Weinlandes (ca. 90 km)

Anfahrt: Mit dem Auto ab München/Nürnberg A 9/A 3 und B 8, ab Augsburg A 7 sowie B 2/B 13
Karten: Reisekarte Franken: ADAC-Autokarte Bayern Nord, 1:200 000
Information: Tourismusverband Fränkisches Weinland in Würzburg, Tel.: 0931/37 23 35; www.fraenkisches-weinland.de

Stationen der Strecke sind die bekanntesten Weindörfer dieser Gegend, wie Volkach, Iphofen, Sommerach und Castell. Geboten werden schmucke Ortsbilder, Weinlandschaften, Prachtkirchen und behagliche Gasthöfe. Tauchen Sie ein und genießen Sie das »weinfränkische« Traumland.

Ausgangsort Volkach. Im Jahre 906 wurde die Siedlung erstmals erwähnt. Beurkundet wurde sie dann 1258 als Castellsche Stadt. Ab 1520 gehörte sie zum Hochstift Würzburg und 1814 endgültig zu Bayern.

Zu den besonderen Sehenswürdigkeiten der reizvoll an der Mainschleife postierten Stadt gehören u. a. der teils erhaltene **Mauerring** mit zwei Toren und das Ortsbild in der Altstadt. Bemerkenswert vor allem der Marktplatz mit der **Bartholomäuskirche** (1413) und dem **Renaissance-Rathaus** (1544) mit Freitreppe und Marktbrunnen (1488), aber auch eine Reihe schöner Fachwerkfassaden sowie das ehemalige **Würzburger Amtshaus** (um 1600) und das **Schel-**

Der Marktplatz in Volkach: links das stolze Rathaus aus der Zeit der Renaissance mit wirkungsvoller Freitreppe und einem Brunnen davor, rechts das mit Fachwerk dekorierte Behringerhaus, zugleich auch Gasthof mit Straßenterrasse

fenhaus (1720). Außerhalb liegen die **Wall-fahrtskirche St. Maria im Weingarten** mit einer Rosenkranzmadonna von Tilman Riemenschneider als Pietà und die **Vogels-burg**, die herrliche Aussichten auf den Main und die Weinberge von Volkach, Nordheim und Escherndorf eröffnet.

Information: Tel.: 09381/401 12;
www.volkach.de
Einkehr: Zur Schwane, Hauptstr. 12, Innenhof;
Behringer, Marktplatz 5 mit Straßenterrasse;
Zum Storchen, Hauptstr. 54 (Mi Ruhetag)

Über Gerolzhofen nach Prichsenstadt.
Wir fahren die Obervolkacher Straße hi-naus und treffen nach 12 km in **Gerolzho-fen** ein. Die im 8. Jh. erstmals erwähnte und ab 1300 zum Würzburger Hochstift gehörende Stadt besitzt einen ansehnli-chen **Marktplatz**, eine kostbar ausgestattete **Pfarrkirche** und se-henswerte Bauten wie das Alte Rathaus von 1475, das Amts- (um 1600) und das Oberamtshaus (1580) sowie schöne alte Fachwerk-häuser.

Information: Tel.: 09382/90 35 12; www.gerolzhofen.de
Einkehr: Wilder Mann, Marktplatz 2, Straßenterrasse (Mi Ruhetag)

Ab Gerolzhofen nutzen wir die B 286 in südlicher Richtung nach **Prichsenstadt**. Beurkundet wird der Ort erstmals 1256, 1367 erhält er das Stadtrecht. In den folgenden Jahr-hunderten geht die Stadt nacheinander in den Besitz von Böhmen, Würzburg und Ansbach über, kommt dann zu Preußen und 1815 endgültig zu Bayern.
Markenzeichen der Stadt ist ihr malerisches **Ortsbild**. Ein Stadtrundgang macht Sie mit den Höhepunkten bekannt. Das sind die **Stadtbefestigung** (15. Jh.), das malerische Westtor mit zwei wuchtigen Rundtürmen und der Stadt-turm mit Tordurchlass. Dazu gehören auch schmucke **Fachwerkfassaden** in der Haupt- und Luitpoldstraße so-wie am Karlsplatz, hier besonders das **Rathaus** (1682) und der **Gasthof Alte Schmiede**. Ein würdiges Schlussbild

Ziel ungezählter Wallfahrer in Volkach, die von ihr Hilfe erbitten: die Rosenkranz-madonna von 1524 aus der Werkstatt Tilman Riemenschneiders

zeigt sich am Nordrand der Altstadt, wo man über einen Weiher hinweg die spätmittelalterliche Silhouette der Stadt bewundern kann (siehe Doppelseite 10/11).

Information: Tel.: 09383/97 50 18; www.prichsenstadt.de
Einkehr: Landgasthof »Alte Schmiede«, Karlsplatz 7, Straßenterrasse (Mi Ruhetag); Gasthof und Weingut »Zum Storch«, Leopoldstr. 7, Innenhof (Di Ruhetag)

Altfränkisches Ortsbild an der Hauptstraße in Prichsenstadt: ein schönes Fachwerkhaus, im Hintergrund der gedrungene Eulenturm und darüber Kirschblüten unter weiß-blauem Himmel

Nach Iphofen über Castell. Die B 286 führt nun weiter nach Süden über Wiesentheid bis Castell. Der Ort ist untrennbar verbunden mit den Grafen und späteren Fürsten zu Castell, deren Familiengeschichte bis 1057 zurückreicht. Heute besteht die Unternehmensgruppe mit Sitz in Castell und Rüdenhausen aus einer Bank, dem Bereich Forst- und Landwirtschaft und aus der **Weindomäne**, Letztere mit ihren 70 ha Rebfläche wohl eines der größten Qualitätsweingüter Deutschlands in Privathand. Dort soll auch die »Geburtsstunde des deutschen Silvaners« geschlagen haben.

Information: Tel.: 09325/601 60; www.castell.de
Einkehr: Weinstall Castell, Schlossplatz, mit Terrasse (Mo Ruhetag)

4 km südlich von Castell zweigt von der B 286 eine Straße nach **Iphofen** ab. Auch dieses schmucke Städtchen mit Toren und Türmen hat seine Wurzeln im Mittelalter. Der ersten Nennung 750 folgen 1293 die Erhebung zur Stadt und ihre Befestigung. Heute ist Iphofen dank seiner Keuperböden ein renommierter Weinort und Heimat qualitätsvoller Reblagen.

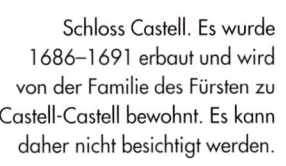

Schloss Castell. Es wurde 1686–1691 erbaut und wird von der Familie des Fürsten zu Castell-Castell bewohnt. Es kann daher nicht besichtigt werden.

Sein kunsthistorisches Aushängeschild ist die **Stadtpfarrkirche St. Veit**, die im 15./16. Jh. neu erbaut wurde. Glanzstücke im Innern sind u. a. ein Glasgemälde im Chor (um 1430), die sogenannte »Schöne Madonna von Iphofen« (15. Jh.) sowie die Holzfigur Johannes der Evangelist (um 1795) von Riemenschneider selbst und aus dessen Schule Johannes der Täufer.

Ein romantisches Bild gibt die **Stadtbefestigung** ab. Gut erhaltene Stadtmauern mit pittoresken Toranlagen wie dem **Rödelseer Tor** und wuchtigen Türmen schließen die Altstadt ein, in deren Mitte der Marktplatz mit dem barocken **Rathaus** liegt.

Einer der Glanzpunkte Iphofens: das Rödelseer Tor aus dem 15./16. Jh. (innerer Torturm) mit Fachwerkanbauten, die allerdings aus dem 17./18. Jh. stammen

TouristInfo: Tel.: 09323/87 03 06; tourist@iphofen.de
Einkehr: Romantikhotel und Weingut Zehntkeller, Bahnhofstr. 12, mit Garten; Gasthaus Goldene Krone, Marktplatz 2, mit Straßenterrasse (Di Ruhetag)

Nächstes Ziel: Münster-Schwarzach. Ein Katzensprung neben Iphofen liegt **Mainbernheim**. Das ehemalige Ansbacher Marktgrafenstädtchen mit dem Beinamen »Lebkuchenstadt« hat einen großteils erhaltenen Mauerring aus dem 15. Jh. mit zwei Tortürmen und 19 Mauertürmen. Sehenswert sind unter anderem auch das dreigeschossige Renaissance-Rathaus (1548) und schöne Fachwerkhäuser im malerischen Ortskern.

Mainbernheim mit seiner Stadtmauer in der Abendsonne. Ein fast mittelalterlicher Eindruck, wäre da nicht der barocke Kirchturm

Fränkische Landschaft.
Blick über leuchtend gelbe
Rapsfelder auf das bekannte
Weindorf Rödelsee

Information: Mainbernheim Tel. 09323/8042-30,
www.mainbernheim.de;
Rödelsee Tel. 09323 / 899 52, www.roedelsee.de;
Einkehr: Mainbernheim Gasthof Zum Falken, Herrnstr. 27, (Mo & Di Ruhetage); Rödelsee Der Löwenhof, An den Kirchen 14, Biergarten, (Mo Ruhetag); Gasthaus Winzerstube, Wiesenbronner Str. 2 (Mi Ruhetag)

Wiederum nur einen Steinwurf entfernt erreicht man den Weinort **Rödelsee**. Bei einem kurzen Rundgang fällt u.a. das ehemalige Schloss, jetzt Winzergenossenschaft, ins Auge, aber auch der Gasthof zum Löwen (1648), ehemaliges Zehnthaus des Grafen von Castell.

Die Benediktinerabtei Münsterschwarzach mit den vier markanten Türmen der Klosterkirche und den Klostergebäuden daneben

Dann geht es weiter nach **Münsterschwarzach**, wo uns schon von Weitem die vier Türme der Benediktinerabtei begrüßen. Ihre Gründung geht auf das Jahr 816 zurück. Nach wechselvoller Geschichte ist sie seit 1913 wieder von Benediktinern besetzt.

Im Endspurt über Dettelbach nach Volkach zurück. Nachdem wir noch einen kurzen Abstecher nach Sommerach gemacht und das reizvolle Bild am Kirchplatz mit der repräsentativen Vinothek und dem Gasthof Zum Weißen Lamm bewundert haben, erreichen wir nach kurzer Fahrt über den Main hinweg **Dettelbach**. Man schrieb das Jahr 741, als Dettelbach das erste Mal in einer Urkunde erscheint.

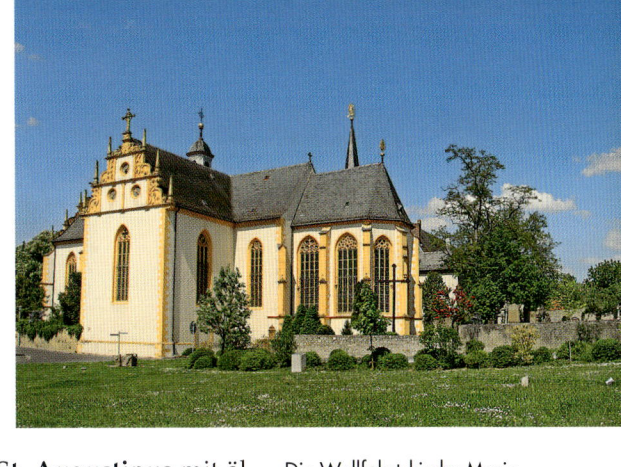

Es erhält 1484 das Stadtrecht und fällt im 16. Jh. dem Fürstbistum Würzburg zu. 1505 wird ein schwer verletzter Mann auf wundersame Weise geheilt und eine Wallfahrt entsteht. 1814 schließlich kommt Dettelbach zu Bayern. Sehenswert sind vor allem das **Historische Rathaus** (1484–1512) mit doppelläufiger Freitreppe und – darüber gesetzt – Laube und Erker. Des Weiteren die **Pfarrkirche St. Augustinus** mit ältesten Bauteilen um 1444 und beachtlicher Inneneinrichtung sowie der **Wallfahrtskirche Maria im Sand**. Es war Julius Echter, seines Zeichens Fürstbischof von Würzburg und Herzog von Franken, der 1610–13 diese Kirche neu erbauen ließ. Im Innern zieht vor allem der freistehende Gnadenaltar aus Stuckmarmor mit einer kleinen Pietà um 1500 die Blicke auf sich.

Die Wallfahrtskirche Maria im Sand in Dettelbach: Wallfahrt seit 1504

Information: Tel. 09324/3560; www.dettelbach.de
Einkehr: u.a. Gasthaus Franziskaner (Garten)

Nun geht es von Dettelbach aus über Schnepfenbach nach Prosselsheim und dort rechts ab nach Volkach zurück. In diesem letzten Abschnitt passiert man die **Vogelsburg**, wo man nicht nur einkehren, sondern auch eine wunderbare Aussicht auf die Mainschleife bei Volkach genießen kann. Links das Weindorf Nordheim und rechts der nicht minder bekannte Winzerort Escherndorf. Am Steilhang beiderseits Escherndorf die berühmte Weinlage »Escherndorfer Lump« (Bild unten).

Im Herzen Weinfrankens: Die Dörfer Nordheim und Escherndorf schmiegen sich an das Mainufer und an die Weinhänge

7 Der Maintal-Radweg von Kitzingen bis Würzburg

Radtour im Maindreieck entlang des Flusses durch schmucke Weindörfer (ca. 37 km)

Anfahrt: Mit Auto ab München/Nürnberg A9/A3 oder B8/B13, ab Augsburg A7; mit der Bahn regelmäßige Verbindungen nach Würzburg im »Bayerntakt« (mit Rad). Zum Ausgangspunkt der Radtour in Kitzingen Fahrt mit der Bahn von Würzburg nach Kitzingen
Karten: Reisekarte Franken: ADAC-Autokarte Bayern Nord, 1:200 000;
Radtour Maindreieck: Topografische Karte UK 50-7 Fränkisches Weinland, 1:50 000
Information: Tourismusverband Fränkisches Weinland, Congress Centrum Würzburg, Tel.: 0931/37 23 35;
www.fraenkisches-weinland.de

Freuen wir uns auf eine genussvolle Radtour: wenig Verkehr, kaum Steigungen, komfortable Radwege. Und das bei moderater Streckenlänge. Dazu eine Reihe malerischer Mainstädtchen, von wehrhaften Mauern mit Türmen und Toren umgeben, im Innern herausgeputzt und überragt von Weinberghängen.

Ein Blick auf Kitzingen. Schon 745 wird eine Reichsabtei gegründet, von der Siedlung ist erstmals 1040 die Rede. Sie gehört fortan diversen Besitzern, am längsten dem Hochstift Würzburg (fast drei Jahrhunderte) und den Markgrafen von Brandenburg-Ansbach (fast zwei Jahrhunderte). 1802 fällt Kitzingen an das Kurfürstentum Bayern.
In den letzten Kriegstagen 1945 wird Kitzingen Ziel eines verheerenden amerikanischen Luftangriffs. Zahlreiche Wohnhäuser und historische Bauten werden zerstört. Kitzingen büßt sein mittelalterliches Flair ein. Gleichwohl: Die Stadt kann heute beachtliche Sehenswürdigkeiten vorweisen. Zum Beispiel die **Pfarrkirche Johannes der**

Links: Die Marktstraße in Kitzingen mit Rathaus, Marktturm und Marktbrunnen (von links)

Rechts: Der Falterturm mit schiefer Haube, das Wahrzeichen der Stadt

Täufer (1460) mit Schmuckportalen außen sowie Wandgemälden (15./16. Jh.) und Reliefs (um 1400) aus dem Umfeld Riemenschneiders innen. Oder das ansehnliche Ensemble an der Marktstraße mit dem dreigeschossigen **Rathaus** (1563) und dem wuchtigen Marktturm. Beeindruckend auch die **Alte Mainbrücke**, immerhin schon um 1300 erwähnt, sowie der schiefe **Falterturm**, einst Teil der alten Stadtmauer, in dem das Deutsche Fastnachtsmuseum (Di–So 13–17 Uhr) untergebracht ist. Nicht zu vergessen die **Hl. Kreuz-Kirche** auf der anderen Mainseite, die Balthasar Neumann 1745 erbaut und bewusst schmucklos gehalten hat, um die geniale Raumarchitektur zur Wirkung zu bringen.

Information: Tel.: 09321/92 00 19; www.kitzingen.de
Einkehr: Bayerischer Hof, Herrnstr. 2, Straßenterrasse

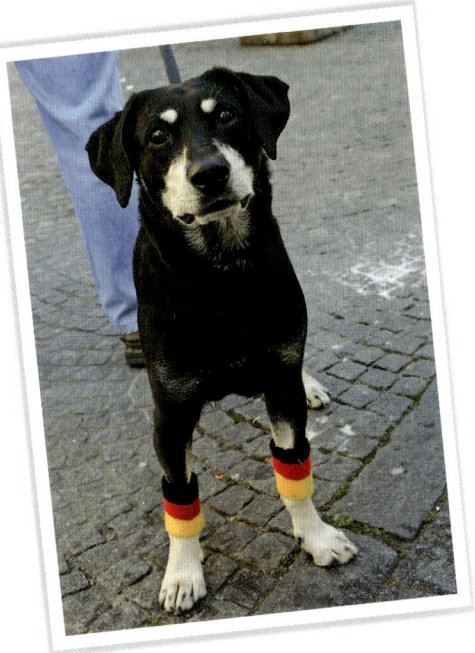

Radeln bis Ochsenfurt. Von der Alten Mainbrücke in Kitzingen fahren wir zuerst am Westufer des Mains bis zur Südbrücke, radeln hier rechts hinauf und biegen links in die Äußere Sulzfelder Straße ein (Radweg, Schilder Sulzfeld/Segnitz). Die nächsten 8 km zeigt sich das Maintal ausladend mit Weinbergen auf den Westhängen, der Radweg läuft entlang der Straße und durch Mainauen zumeist ohne direkte Flussberührung. Man passiert **Sulzfeld**, wo die wehr-

Während der Fußball-Europameisterschaft 2008 wollte auch dieser Hund in Kitzingen Flagge zeigen! Hier vernimmt er gespannt die Ergebnisse der Spiele.

hafte Silhouette zu einem kurzen Abstecher einlädt. Eindrucksvoll sind das altfränkische Straßenbild und das monumentale Rathaus von 1609. Wir erreichen Segnitz und dort die Mainbrücke, die wir überqueren, um drüben dem Städtchen Marktbreit einen Besuch abzustatten.

Marktbreit besitzt seit 1557 Marktrecht, fiel 1806 an das Königreich Bayern und erhielt 1819 das Stadtrecht. Dank günstiger Verkehrslage und dem Handelstalent der Grafen von Schwarzenberg erlebte das Städtchen Blütezeiten, in denen eine Reihe historischer Bauten entstand. Besonderes Interesse

Nicht der einzige Vorzeigewinkel in Marktbreit, aber der schönste: der Malerwinkel in der Bachgasse. Blick auf das fachwerkgeschmückte Malerwinkelhaus von 1774 sowie das Maintor über den Breitbach

verdienen die gotische **Kirche St. Nikolaus** mit ihren Grabmälern und das dreigeschossige **Rathaus** von 1579, das mit dem **Maintor** (1600) ein ansehnliches Ensemble bildet. Die getäfelte Ratsstube im Rathaus ist »eines der schönsten Beispiele altdeutscher Innenausstattung« (Georg Dehio). Beim Rundgang passiert man das ehemalige Seinsheimsche Schloss von 1580 sowie Fachwerk- und noble Steinbauten, romantisch zeigt sich der **Malerwinkel** in der Bachgasse. Dort befindet sich auch das **Museum Malerwinkelhaus** (Do 14–20, Fr/Sa/So/Fei 14–17 Uhr). Ein letzter Blick gilt dem Mainkranen, einem Überbleibsel aus der Zeit der Schwarzenbergs.

Einkehr: Marktbreit: Ringhotel Löwen, Marktstr. 8, Garten

Wir radeln nach Segnitz zurück, am Mainufer entlang bis zur Autobahnbrücke und dann nach einem Rechts-Links-Knick auf der Staatsstraße 2270 am Fuße des Kapellenbergs nach **Frickenhausen**. Die hiesigen Weine wurden bereits im 9. Jh. erwähnt und stehen wohl unter schützender himmlischer Hand, wie die kleine St. Valentinskapelle in den Weinbergen vermuten lässt. Noch mehr Reiz entwickelt das **Ortsbild** im Innern: zunächst die Baugruppe an der Hauptstraße mit der **Pfarrkirche St. Gallus** (u. a. Hochaltar, Figuren, Grabsteine), dem über 500 Jahre alten **Rathaus** mit Freitreppe und einem schmucken Patrizierhaus daneben. Eindrucksvolle Bau-

Altfränkisches Flair im Zentrum von Frickenhausen. Vorne eine Weinstube mit Fachwerkobergeschoss, im Hintergrund die katholische Pfarrkirche St. Gallus

ten finden sich auch in Seitengassen, am Babenbergplatz oder an den vier Toren des Mauerrings.

Einkehr: Frickenhausen: Ehrbar's Fränkische Weinstube, Hauptstr. 17, Garten (Mo/Di Ruhetage)

Wir schwingen uns wieder in den Fahrradsattel und radeln die 2 km bis zur großen Mainbrücke in Ochsenfurt und hinüber in die Stadt. **Ochsenfurt** wird 1291 erstmals als Stadt genannt und steht über 500 Jahre unter der Herrschaft der Würzburger Domherren. Nach bewegter Geschichte gelangt sie 1814 zum Königreich Bayern.

Knapp 500 Jahre ist das wirkungsvoll an der Hauptstraße stehende Rathaus in Ochsenfurt bereits alt und dient immer noch als Schaltzentrale der Stadt.

Zwei Sehenswürdigkeiten ragen heraus: die Pfarrkirche St. Andreas und das Rathaus. **St. Andreas** stammt aus dem 14. Jh. und ist üppig ausgestattet: Neben dem figurenreichen Hochaltar sind vor allem die mittelalterlichen Stein- und Holzfiguren zu erwähnen, wobei der Hl. Nikolaus wohl von Tilman Riemenschneider selbst geschnitzt wurde. Auch in der Michaelskapelle daneben stehen sehenswerte Figuren.

Der Maintal-Radweg zwischen Ochsenfurt und Würzburg, wo er teils am Ufer, teils durch die Mainauen verläuft. Autos kennt er nicht und ist somit eine beschauliche und genussvolle Strecke zum Radeln.

Effektvoll ist das **Rathaus** an der Hauptstraße postiert. 1513 fertiggestellt, besitzt es Treppengiebel, eine Freitreppe und ein Uhrtürmchen. Eine wahre Fachwerkparade flankiert die Hauptstraße, mittelalterliches Flair verströmt auch die **Stadtmauer** mit ihren Türmen.

Information: Ochsenfurt: Tel.: 09331/58 55; www.ochsenfurt.de

Einkehr: Hotel Bären, Hauptstr. 74, Gartenterrasse; Hotel Zum Schmied, Hauptstr. 26, Biergarten.

Das Schloss aus dem Jahr 1575 inmitten von Sommerhausen, heute in Privatbesitz und genutzt für diverse Veranstaltungen

Von Ochsenfurt bis Würzburg. Wir fahren wieder über die große Brücke und drüben am Mainufer über Kleinochsenfurt auf dem Maintal-Radweg weiter. Die Route verläuft streckenweise direkt am

Mainufer, liefert schöne Fluss- und Auenbilder und ermöglicht weite Ausblicke auf das Maintal und die Weinberge an den Osthängen. Nächste Station ist **Sommerhausen**, wo sich wieder ein Abstecher lohnt. Gut erhalten ist seine Mauer mit Türmen und Toren, repräsentativ das 1575 erbaute **Schloss** mit Fachwerk und Treppengiebel sowie das **Renaissance-Rathaus** von 1558. Der Ort ist über die Grenzen hinaus durch das **Torturmtheater**, das kleinste Theater Deutschlands, bekannt geworden, in dem heute noch regelmäßig Schauspiele aufgeführt werden.

Einkehr: Sommerhausen: Zum Goldenen Ochsen, Hauptstr. 24, Garten (Di/Mi Ruhetage)

Zurück auf dem Maintal-Radweg, geht es am Ufer entlang weiter nach **Eibelstadt**. Auch hier empfiehlt sich ein Besuch in dem über 1200 Jahre alten Winzerstädtchen. Es besitzt seit 1434 Stadtrecht und ist von einer intakten **Stadtmauer** aus dem 15./16. Jh. mit 14 Rundtürmen und drei Torbauten umgeben. Malerisch aber auch das Bauensemble rund um den Marktplatz: die **Pfarrkirche St. Nikolaus** mit reicher Ausstattung, darunter ein Taufstein von 1613, von dem Georg Dehio sagt, es sei »der weitaus vornehmste im ganzen Maingebiet«, sowie eine Kreuzigungsgruppe aus der Werkstatt Riemenschneiders. Des Weiteren das spätbarocke **Rathaus** von 1706, einst Amtshaus des Würzburger Domkapitels, und davor die **Mariensäule** mit der Madonna im Strahlenkranz (1660). Zwischen Kirche und Rathaus stehen das fachwerkgeschmückte ehemalige **Mesnerhaus** und gleich anschließend das einstige **Stadtschreiberhaus**. Weitere historische Bauten und Höfe sind im gesamten Altstadtgebiet verstreut.

Nun lassen wir uns nicht mehr aufhalten und radeln am Main entlang über Randersacker in einem Zuge nach Würzburg (Ortsplan und kurze Beschreibung der Stadt siehe Ausflug Nr. 1).

Der leider fast immer mit Autos vollgeparkte, ansonsten aber malerische Marktplatz in Eibelstadt: Von rechts nach links sieht man die Mariensäule, das Rathaus, das ehemalige Mesnerhaus mit Fachwerk und das frühere Stadtschreiberhaus; dahinter die Pfarrkirche St. Nikolaus.

Gräfensteinberg in Mittelfranken

Mit Auto und Fahrrad durch Mittelfranken

Rendezvous mit Seen und romantischer Architektur

8 Rundfahrt im Naturpark Steigerwald

Attraktionen entlang der Steigerwald-Höhenstraße und ein Fernblick vom Schwanberg (ca. 120 km)

Anfahrt: Ab München/Nürnberg A9, ab Augsburg A7; Bahnanfahrt nicht empfehlenswert
Karten: Reisekarte Franken: ADAC-Autokarte Bayern Nord, 1 : 200.000
Information: Tourismusverband Steigerwald in Scheinfeld;
Tel. 09162 / 124 24;
www.steigerwald-info.de

Nachdem wir auf dem Schwanberg die weite Aussicht genossen haben, fahren wir von Ebrach auf der Steigerwald-Höhenstraße bis ins Aischtal. Altfränkische Ortsbilder, bedeutende Kirchen und Schlösser und weite Ausblicke sind spannende Stationen dieses Ausflugs.

Schwanberg – Kultberg am Westrand des Steigerwalds. Fährt man durch die Ebene des fränkischen Weinlands, ist der 474 m hohe und isoliert stehende Schwanberg trotz seiner relativ flachen Kuppe eine markante und allgegenwärtige Erscheinung. Während die obere Hälfte des Berges bewaldet ist, sind seine unteren Hänge durchwegs Weinberge. Ein Sträßchen führt in Serpentinen auf das Plateau, wo Sendeanlagen, der Weiler Schwanberg und ein Schloss stehen. Von letzterem sind nur Wohngebäude aus dem 16. bis 18. Jh. erhalten. Durch die relativ steil abfallenden Hänge gewährt der Berg spektakuläre Aussicht vor allem auf das fränkische Weinland. Der schönste Aussichtspunkt heißt Kappelrangen und ist ab dem Schloss ausgeschildert.

Der Schwanberg war Jahrtausende lang Siedlungs- und Zufluchtsort der Menschen. Noch heute sind Wälle östlich des Geistlichen Zentrums zu erkennen, die Zugänge zum Berg sichern und Schutz gewähren sollten (Wikipedia).

Blick vom Schwanberg in das fränkische Weinland. Vorne das Winzerdorf Rödelsee, dahinter Fröhstockheim und im Hintergrund das Maintal mit Etwashausen und Kitzingen

Im ehemaligen Zisterzienserkloster Ebrach. Vom Schwanberg aus fahren wir über Prichsenstadt und auf der B 22 nach Ebrach. Alles überstrahlender Anziehungspunkt dieses Steigerwaldortes ist die ehemalige Zisterzienserabtei. Bereits 1127 gegründet, zählt sie zu den ältesten Klöstern dieses Ordens in Deutschland. Die einstige Abteikirche, heute **Pfarrkirche St. Maria** wurde 1285 geweiht und wird als eine der schönsten Schöpfungen der Frühgotik gerühmt. Angelegt als dreischiffige Basilika mit Querhaus, wurde das Innere später im Stil des Barock und Frühklassizismus überformt. Der mächtige Kirchenraum von goldstrotzender Pracht wirkt in seinen schweren Formen besonders erhaben und ehrfurchtsgebietend. Achten Sie auch auf die angrenzende romanische **Michaelskapelle**, ältester und weitgehend unveränderter Teil der Anlage sowie auf die Altäre in der Hauptkirche, besonders den Hochaltar und den frühbarocken Alabasteraltar des Hl. Bernhard.

Die ehemaligen Klosterbauten beherbergen seit 1851 eine Justizvollzugsanstalt, besitzen aber mit Treppenhaus und Kaisersaal (Führungen 1.4.–31.10. tgl. 10.30 und 14.30 Uhr) noch sehenswerte Repräsentationsräume.

Information: Tel. 09553 / 922 00; www.ebrach.de
Einkehr: Historikhotel Klosterbräu, Garten

Bild unten links: die einstige Abteikirche in Ebrach

Bild unten: 12 m Durchmesser misst die filigrane Fensterrose über dem Portal der Abteikirche in Ebrach. Sie ist allerdings nur eine Kopie, das Original befindet sich im Bayerischen Nationalmuseum München.

Auf der Steigerwald-Höhenstraße bis zum Dreifrankenstein.
Wir starten also in Ebrach und fahren über Buch, Großbirkach und Füttersee nach Süden. Wer da erwartet hat, dass die Höhenstraße durch große helle Laubwälder führt, sieht sich getäuscht. Kleinere Waldparzellen werden zwar passiert, der Großteil der Strecke aber

Stimmungsvolle Landschaft im Steigerwald nahe dem Winzerdorf Iphofen

verläuft in ständigem Auf und Ab über freies Hügelland mit örtlich reizvollen Fernblicken auf die umgebenden Wälder und Höhenzüge. Wie bei Vikivoyage zu lesen ist, besteht der Naturpark Steigerwald seit 1988 und soll möglicherweise in einen Nationalpark umgewandelt werden. Er ist nach dem Spessart das zweitgrößte Laubwaldgebiet Bayerns, wobei Buchen fast Dreiviertel des Baumbestandes ausmachen.

Kurz vor der A 3 stoßen wir auf eine Staatsstraße, lassen den Ort **Geiselwind**, bekannt für seinen Freizeitpark, rechts liegen und fahren nach Osten bis **Schlüsselfeld**. Wenn wir uns dort am Marktplatz mit dem Rathaus und dem ehemaligen fürstbischöflichen Amtshaus kurz umgesehen haben, folgen wir den Schildern Richtung Burghaslach und steuern ab da den Weiler Freihaslach an, wo uns Schilder dann zum **Dreifrankenstein** führen. Dort, wo der Stein steht, stoßen die drei Regierungsbezirke Frankens, also Unter-, Mittel- und Oberfranken, zusammen. Um den Stein ist ein kleiner Geopark angelegt, in dem Pavillons wichtige Informationen über die Regierungsbezirke bereithalten.

Der Dreifrankenstein ca. 6 km nordwestlich von Burghaslach, wo die drei Regierungsbezirke Frankens zusammenstoßen

Finale der Steigerwald-Rundfahrt. Zurück an der von Burghaslach kommenden Hauptstraße, biegt man rechts ab und erreicht bei unverändertem Landschaftsbild über Oberrimbach und Prühl das Städtchen **Scheinfeld**. Zwei Bauten verdienen dort besonderes Interesse: Die **Pfarrkirche Mariä Himmelfahrt** von 1771 mit bemerkenswerter Spätrokoko-Ausstattung sowie das **Schloss Schwarzenberg**, malerisch auf einer Bergzunge gelegen. Die Burg brannte 1607 fast vollständig ab und wurde in den Folgejahren unter Einbeziehung mittelalterlicher Bauteile (Stützmauern, Bergfried, Palas) neu erbaut.

Das Bild unten zeigt das heutige Schloss aus der Vogelperspektive. Vorne links das Kernschloss mit Schlosskapelle sowie dem Kleinen Beamtenbau rechts und der Rollsaalbau links. Hinten rechts der Große Beamtenbau, links der Brauereiflügel. Heute beherbergt das Schloss eine private Real- und Fachoberschule. Normalerweise kann das Schloss besichtigt werden (So/Fei ab 14 Uhr), derzeit allerdings wird es für längere Zeit saniert, weshalb Innenbesichtigung vorerst nicht möglich ist.

Information: Scheinfeld, Tel. 09162/92 91-0; www.scheinfeld.de
Einkehr: Hotel-Gasthof „Krone-Lax", Straßenterrasse, Mi Ruhetag

Nachdem man sich in Scheinfeld umgesehen hat, führt die Schlussstrecke der Steigerwaldrundfahrt über Markt Taschendorf und Mittelsteinach nach **Münchsteinach**. Der Weiler mit seinem ehemaligen Benediktinermünster ist im nächsten Ausflug auf Seite 64 näher beschrieben.

Bild unten: Schloss Schwarzenberg aus der Vogelperspektive

Auch in der Ortsmitte von Scheinfeld begegnet man reizvollen Straßenbildern

9 Zu den Spiegelkarpfen im Aischgrund

Autoausflug von Bad Windsheim über Neustadt nach Höchstadt an der Aisch (ca. 60 km)

Anfahrt: Mit dem Auto ab München/Nürnberg A 9 und B 8/B 13/B 470, ab Augsburg A 7

Karten: Reisekarte Franken: ADAC-Autokarte Bayern Nord, 1:200 000; Detailkarten Aischgrund: Topografische Karte UK L 25 Naturpark Steigerwald, 1:50 000

Information: Tourismusverband Steigerwald in Scheinfeld, Tel.: 09162/124 24; www.steigerwald-info.de

Wir besuchen das Tal der Aisch zwischen Bad Windsheim und Höchstadt am Rande des Steigerwaldes. Höhepunkte sind das Freilandmuseum in Windsheim, die alten Ortskerne von Windsheim und Neustadt, das Kloster Münchsteinach und nicht zuletzt die Aussicht auf ein köstliches Karpfengericht.

Bad Windsheimer Attraktionen. Um 1200 gegründet, erhielt die Siedlung knapp 100 Jahre später das Stadtrecht und wurde um 1430 fränkische Reichsstadt. Ab dem 16. Jh. verlor sie an Bedeutung, entdeckte aber Ende des 19. Jh. starke Heilquellen und machte sich in der Folgezeit einen Namen als Bäderstadt. Eine weitere Attraktion kam hinzu, als 1982 das Fränkische Freilandmuseum eröffnet wurde.

Auch wenn man nicht kuren möchte, ein Besuch in der Stadt lohnt sich. Im Zentrum stehen das imposante **Rathaus** (1717) mit einer reich gegliederten und dekorativen Fassade, des Weiteren eine Reihe schöner **Fachwerkhäuser** aus dem 15./16. Jh., wie beispiels-

Wie ein Palast wirkt das Rathaus in Bad Windsheim und unterstreicht die reichsstädtische Vergangenheit der Stadt.

In der Baugruppe »Stadt« des Freilandmuseums steht ein alter Bauhof riesigen Ausmaßes – nach Georg Dehio ein Meisterwerk der Zimmermannskunst.

weise der »Ochsenhof« von 1537 sowie die Evangelische Stadtpfarrkirche (1400) neben dem Rathaus und die Evangelische Spitalkirche im Freilandmuseum (14. Jh.).

Das **Fränkische Freilandmuseum** des Bezirks Mittelfranken (März–Okt. täglich 9–18 Uhr), zu dem auch der stattliche Alte Bauhof (15. Jh.) mit Walmdach in der Baugruppe Stadt gehört, ist 50 ha groß und zeigt rund 100 wieder errichtete alte Häuser und Höfe in sieben Baugruppen, darunter Mainfranken/Frankenhöhe, Altmühlfranken oder Regnitzfranken/Frankenalb. Sie bieten Einblick in Lebens- und Arbeitsgewohnheiten früherer Tage. Im Eingangsbereich wartet ein gemütlicher Biergarten auf die Besucher.

Information: Tel.: 09841/40 20; www.bad-windsheim.de
Einkehr: Hotel-Gasthof Storchen, Weinmarkt 6, Straßenterrasse

Über Neustadt nach Münchsteinach. Wir vertrauen uns der B 470 an und erreichen nach 20 km **Neustadt an der Aisch**. Auch hier sollte man sich im Zentrum der seit 1810 zu Bayern gehörenden Stadt etwas umsehen. Interesse verdienen vor allem die Stadtpfarrkirche mit einem kunstgeschichtlich hervorragenden fränkischen Schnitzaltar (um 1510) sowie das ehemalige Markgräfliche Wasserschloss (1440) mit Rundturm und Torhaus. Im Schloss befinden sich auch mehrere Museen.

Im Fränkischen Freilandmuseum in Windsheim erfährt man auch, wie früher gelebt und gearbeitet wurde.

Rundturm und Torhaus
(15. Jh.) aus dem Komplex
des Alten Schlosses in Neustadt
an der Aisch

Am Marktplatz fällt das dreigeschossige Rathaus (1715) ins Auge, von der **Stadtmauer** sind u. a. der mächtige Nürnberger Torturm und sechs Mauertürme erhalten.

6 km hinter Neustadt bringt uns die Steigerwald-Höhenstraße in nördlicher Richtung nach **Münchsteinach**. Ein lohnender Abstecher, denn vom früheren Benediktinerkloster ist neben Konventsgebäude und »Schlösschen« auch das Münster erhalten, jetzt evangelische **Pfarrkirche**. Es ist ein lupenreiner romanischer Bau (1170–80), in dem auch heute noch die strengen Linien und Formen dieser Epoche erhalten sind. Nach barocker Umgestaltung im 18. Jh. wurde nämlich bei einer Restaurierung von 1965–70 das romanische Raumbild wiederhergestellt. Zu sehen sind aber noch Altar, Kanzel und Figuren aus der Barockära, daneben auch ältere Grabsteine.

Idylle in Münchsteinach mit dem
romanischen Münster im Hintergrund. Vorne rechts der Kinder-
garten im gelben Haus, dahinter
das Rathaus. Links das fachwerkgeschmückte Gemeindehaus der
evangelischen Kirchengemeinde
und anschließend die holzver-
kleidete Kulturscheune. Nicht zu
sehen sind das ehemalige
Abteischlösschen und das
Konventsgebäude, die ebenfalls
den Innenhof umstehen.

Tagesziel Höchstadt. Zurück an der B 470, fahren wir zirka 15 km weiter in östlicher Richtung nach **Höchstadt an der Aisch**. Schon 1003 erstmals genannt, gehörte die 1380 zur Stadt erhobene Siedlung seit 1157 für mehrere Jahrhunderte zum Bistum Bamberg. 1633 wurde sie von den Schweden völlig zerstört und fiel 1806 an Bayern.

Sehenswert ist die katholische, 1730 barockisierte **Pfarrkirche St. Georg** (14. Jh.) sowie das in drei Flügeln um einen Innenhof angelegte Schloss mit ältesten Bauteilen aus dem 13. Jh. Einen schönen Blick darauf und auf die vorgelagerte historische Stadtmühle hat man von der alten **Aischbrücke** (17./18. Jh.) aus.

Umgeben ist Höchstadt von Dutzenden von **Karpfenteichen**. Gezüchtet werden »Aischgründer Spiegelkarpfen«, eine in ganz Europa verbreitete goldgelbe und schuppenarme Karpfenart mit hohem Rücken und rundlicher Form. Drei Jahre dauert es, bis Karpfen in Größe und Gewicht das Zuchtmaß erreicht haben. Dann kommen sie auf den Tisch, allerdings nur in den Monaten mit »r«, also von September bis April. In Franken werden verschiedene Zubereitungsarten gepflegt, so der in schwimmendem Fett gebackene oder der Pfefferkarpfen, sehr schmackhaft ist er aber auch blau, also im Sud mit Wein, Essig und Zwiebeln gegart. Wie auch immer serviert, die Karpfen gelten als eine besondere fränkische Spezialität. Eine Rundfahrt durch das Weihergebiet südlich Höchstadt gewährt Einblick in die Heimat der Spiegelkarpfen.

Gebackener Spiegelkarpfen in eindrucksvoller Dimension. Doch keine Angst: Essbar davon ist nur ein Bruchteil, der aber schmeckt köstlich!

Information: Höchstadt: Tel.: 09193/62 61 29; www.hoechstadt.de
Einkehr: (nahe Höchstadt, mit Spiegelkarpfengerichten): Hallerndorf (ca. 15 km nordostwärts): Friedels Keller Kreuzberg, Schnaid 10; Gremsdorf (ca. 2 km ostwärts): Gasthof Scheubel, Hauptstr. 1; Neuhaus-Adelsdorf (ca. 6 km südöstlich): Brauereigasthof Löwenbräu, Hauptstr. 3

Historisches Ensemble in Höchstadt an der Aisch mit der alten Aischbrücke und dem spätmittelalterlichen Schloss im Hintergrund

10 Genussradeln im »Lieblichen Taubertal«

Stadtrundgang in Rothenburg und Radtour über die Frankenhöhe und durch das Taubertal (ca. 34 km)

Anfahrt: Mit dem Auto ab München A8/A7, ab Nürnberg A6 und ab Augsburg A7. Mit der Bahn ab München und Nürnberg ca. stündlich (zweimal Umsteigen), ab Augsburg ca. alle zwei Stunden (mit Umsteigen)
Karten: Reisekarte Franken: ADAC-Autokarte Bayern Nord, 1 : 200.000;
Radtour Taubertal: Topografische Karte UK 50-16/17 Naturpark Frankenhöhe 1:50.000
Information: Romantisches Franken,
Tel. 0 98 03 / 941 41;
www.romantisches-franken.de

Nach kurzem Rundgang durch das mittelalterliche Rothenburg radeln wir über das bäuerliche Land der Frankenhöhe, um dann ab Tauberzell im anmutigen Taubertal über Detwang nach Rothenburg zurückzukehren.

Über die Frankenhöhe nach Tauberzell. Mit Rothenburg brauchen wir uns zunächst nicht näher zu befassen, die Stadt ist in der nächsten Tour ausführlich beschrieben. Mit ersten romantischen Eindrücken besteigen wir also unsere Fahrräder am Marktplatz und radeln auf Galgengasse und Schweinsdorfer Straße in Ostrichtung hinaus. Nach 2 km zweigt rechts ein Sträßchen ab (Aischtal-/Altmühltal) und führt über die Bahn zu einer Querstraße. Auf dem Radweg dieser Straße gelangen wir schließlich nach **Schweinsdorf.**

Die weitere Route braucht nicht im Einzelnen geschildert zu werden, sie ist leicht aus der Kartenskizze zu ersehen. Schauplatz ist das bäuerliche Land des Naturparks Frankenhöhe, ausgesprochen verkehrsarm und nur mit einigen mäßigen Steigungen verbunden. An manchen Stellen gewährt es auch schöne Weitblicke. Von Schweinsdorf geht es also nach Norden bis Hartershofen, wo man nach Westen abbiegt und über Steinsfeld das Dorf Gattenhofen erreicht. Nun schwenkt die Route wieder auf Nordkurs und bringt uns über Adelshofen nach **Gickelhausen.** Unsere Tour über die Frankenhöhe neigt sich dem Ende entgegen. Wir biegen links ab, steuern das Dorf Neustett an und lassen ab dort das Rad hinuntersausen nach Tauberzell. Wenn Sie sich bisher keine Ruhepause gegönnt haben, empfiehlt sich hier das Drei-Sterne-Landhaus »Zum Falken« mit Terrasse (Di Ruhetag).
Im Taubertal bis Rothenburg. Nun ändert sich der Landschaftsrahmen

Das beschauliche Taubertal bei Bettwar, zum Radeln ein Genuss, denn es bleibt eben und ist für Autos gesperrt.

Ein kunstgeschichtliches Juwel in Detwang an der Tauber: der Heilig-Kreuz-Altar mit Passionsszenen, geschaffen von Tilman Riemenschneider Anfang des 16. Jh.

grundlegend. In einem relativ schmalen naturbelassenen Tal mit Waldparzellen, aber auch Weinbergen an den Hängen schlängelt sich die von Auenbewachsung gesäumte Tauber nach Norden. Die kleinen verträumten Dörfer an der Seite fallen mit schmucken Fachwerkfassaden und blühenden Bauerngärten auf. Dazwischen immer wieder alte Mühlen, bis zu 20 Betriebe sollen es in früherer Zeit im Taubertal unterhalb von Rothenburg gewesen sein. Der Radweg, ein asphaltiertes schmales und verkehrsfreies Sträßchen, das mit »Liebliches Taubertal« markiert ist, läuft am Westufer der Tauber im leichten Auf und Ab entlang und bietet schöne Ausblicke auf die Tallandschaft.

Wenn Sie in Bettwar auf eine Einkehr in die »Alten Schreinerei« (Do Ruhetag) verzichtet haben, in **Dettwang** ist der Halt ein Muss! Dort steht nämlich in der über 1000-jährigen Kirche St. Peter und Paul ein **Passionsaltar** von Tilman Riemenschneider (April–Okt. Di–So 8.30–17, 12–13 Uhr geschlossen). Er stammt aus dem Jahr 1508 und besitzt hohen künstlerischen Rang.

Der Rest der Tour ist schnell erzählt. Wir passieren noch das **Topplerschlösschen**, den Sommersitz des ehemaligen Rothenburger Bürgermeisters Heinrich Toppler (1350–1408), erfreuen uns an der mittelalterlichen Silhouette der hochgelegenen Stadt und biegen an der großen Tauberbrücke links Richtung Rothenburg ab. Nach wenigen Hundert Metern führt links ein asphaltierter Fußweg hoch und bringt uns zum Kobolzeller Tor.

Bild unten: Gegen Ende der Radtour im Taubertal zeigt sich das hochgelegene Rothenburg mit Mauer, Türmen und Kirchen.

11 Kleinodien an der Romantischen Straße

Autofahrt ab Rothenburg ob der Tauber über Feuchtwangen nach Dinkelsbühl (ca. 50 km)

Anfahrt: Mit dem Auto ab München A 8/A 7, ab Nürnberg A 6/A 7, ab Augsburg A 8/A 7
Karte: Reisekarte Franken: ADAC-Autokarte Bayern Nord, 1:200 000
Information: Romantisches Franken, Tel.: 09803/941 41; www.romantisches-franken.de

Die Romantische Straße, eine der populärsten Ferienstraßen Deutschlands, verläuft von Würzburg auf fast 370 km bis Füssen. Wir greifen das durch Franken führende Stück von Rothenburg bis Dinkelsbühl heraus und belegen zumindest bildlich, dass diese Route ihren klangvollen Namen verdient hat.

Rendezvous mit Rothenburg. Besucher von Rothenburg sind sich einig: Ein so geschlossenes und malerisches Ensemble historischer Gassen, Winkel und Fassaden findet man in unserem Lande wohl nicht mehr. Ein paar Stunden sind da zu wenig, um alles kennenzulernen. Deshalb hier ein Rundgang, der nur die wichtigsten Punkte berührt.

Doch zunächst eine Prise **Geschichte**. König Konrad III. lässt 1142 oberhalb von Detwang eine »Rote« Stauferburg errichten, mit der zusammen die Siedlung und ihre Befestigung entstehen.

Der Marktplatz in Rothenburg, Herzstück der Stadt mit der Ratsherrntrinkstube rechts und dem zweiteiligen Rathaus links: hinten der gotische und vorne der Renaissancebau

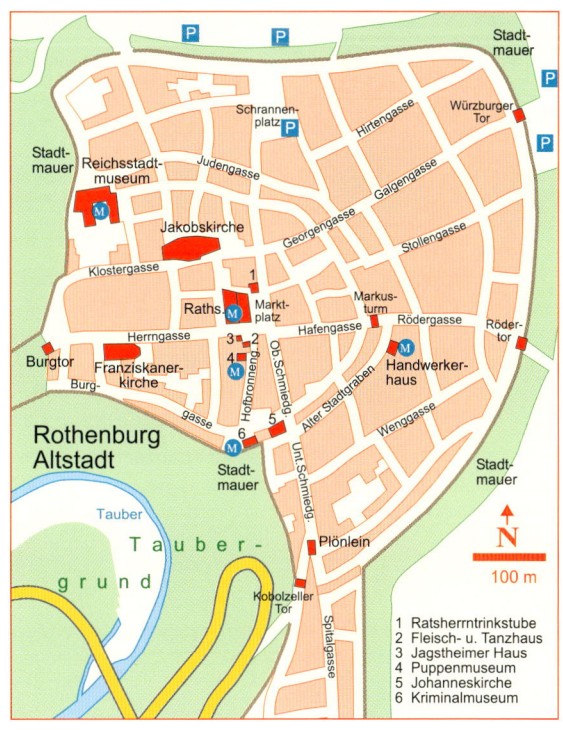

Bauensemble am Marktplatz. Links das Fleisch- und Tanzhaus, rechts das Jagstheimerhaus, beide gelten als schönste Baugruppe aus dem Spätmittelalter in Rothenburg. Davor der Herterichsbrunnen.

Ab 1355 wird sie freie Reichsstadt und erlebt mehrere Blütezeiten. 1544 wird die Reformation eingeführt, die Stadt wird protestantisch. Im 30-jährigen Krieg verschont Feldherr Tily der Meistertrunk-Legende nach die Stadt, weil Bürgermeister Nusch es schafft, einen Humpen mit 3 1/4 Liter Wein in einem Zuge auszutrinken. Nach dem Krieg beginnt der Niedergang der Stadt. Sie fällt 1810 an Bayern, verliert ihre Reichsfreiheit und kann sich erst im 19. Jh. allmählich erholen. Heute ist sie Ziel von Touristen aus aller Welt.

Wir beginnen am **Marktplatz**. Dominiert wird er vom mächtigen **Rathaus** mit zwei Komplexen: vorne der bedeutende Renaissancebau (16. Jh.) mit Arkaden, Balkon und Erker, dahinter der gotische Bau mit dem 60 m hohen Glockenturm. An der Nordseite steht die ehemalige **Ratsherrntrink-**

Die Herrngasse in Rothenburg mit dem Herrnbrunnen. Die Fassaden der Häuser verraten es: Hier wohnten die Patrizier und reichen Handelsleute der Stadt. Im Hintergrund der gotische Bau des Rathauses mit dem 60 m hohen Glockenturm.

stube. Im Giebel wird stündlich der Meistertrunk (Figurenspiel) aufgeführt.

An der Südwestecke des Platzes ein besonders schönes Fachwerkensemble: das **Fleisch- und Tanzhaus**, einst Fleischerladen, später Schauplatz festlicher Veranstaltungen, und das **Jagstheimerhaus**, früher Herberge von Kaisern, heute Apotheke. Davor der **Herterichsbrunnen** (1608), der schönste Brunnen der Stadt.

Jetzt wenden wir uns der gotischen **Jakobskirche** gleich hinter dem Rathaus zu. Ihre Türme sind fast 60 m hoch. Obwohl sie reich ausgestattet ist, u. a. mit dem Zwölfbotenaltar (1466), dem Hauptaltar der Kirche, und mit bemalten Chorfenstern aus dem 14. Jh., kommen die meisten Besucher, um den aus Lindenholz geschnitzten **Heilig-Blut-Altar** (1504) von Tilman Riemenschneider im Westchor zu bestaunen. Er gilt als einer der schönsten in Süddeutschland und stellt das Abendmahl, den Einzug Jesu in Jerusalem und die Ölbergszene dar. Nur einen Steinwurf entfernt am Klosterhof der Komplex des ehemaligen Dominikanerinnenklosters, in dem das **Reichsstadtmuseum** untergebracht ist. Es zeigt einen Querschnitt durch Geschichte, Kultur und Alltag im früheren Rothenburg.

Nächste Station ist der **Burggarten** auf einem Bergvorsprung, wo früher eine Reichsburg stand. Erhalten davon ist nur die **Blasiuskapelle** (14. Jh.). Beachtenswert sind die schönen Ausblicke ins Taubertal und auf die Silhouette Rothenburgs. Nebenan das **Burgtor** aus dem 14. Jh., ältester Torturm der Stadt mit Vortor und Zoll- bzw. Wachhäuschen.

Vom Burgtor läuft in Richtung Marktplatz die **Herrngasse**, ehemalige Prachtstraße durch das Wohnviertel der Patrizierfamilien. An vielen Häusern hängen historische Wappen, in einigen, z. B. im Staudtschen Haus, gibt es noch romantische Innenhöfe. Man passiert auch Rothenburgs älteste Kirche, die **Franziskanerkirche** (Grabmäler, Fresken und Altäre), den Herrnbrunnen (1595) und einige Museen, so das Historiengewölbe im Lichthof des Rathauses, das Weihnachtsmuseum sowie ein Puppenmuseum und ein Kriminalmuseum in der Hofbronnengasse.

Zurück am Marktplatz, schwenken wir in die **Obere Schmiedgasse** ein, die von Alten Patrizier- und Handwerkerhäusern mit kunstvollen Aushängeschildern flankiert wird. Man kommt am **Baumeisterhaus** (1596) vorbei, Rothenburgs prächtigstem Bürgerhaus, und am Gasthof goldener Greifen (14. Jh.), ehemals Wohnhaus von Bürgermeister Toppler, und stößt dann auf die **Johanneskirche**, die um 1400 errichtet wurde. Am Ende der Unteren Schmiedgasse das **Plönlein**, ein kleiner Platz und einer der schönsten Winkel der Stadt: Ein ockerfarbenes Fachwerkhaus teilt die Straße und wird flankiert vom Siebersturm (1385) und vom Kobolzeller Tor mit Kohlturm (1360).

Wir laufen zur Johanneskirche zurück, folgen dort dem Alten Stadtgraben und gelangen erst zum **Handwerkerhaus** (1270) mit Museum und danach zum **Rödertor** aus dem 14. Jh. mit den alten Zollhäusern. Über Rödergasse, Markusturm (12. Jh.) und Hafengasse geht es, vorbei an malerischen Baugruppen, zurück zum Marktplatz.

Auch der Weg vom Rödertor auf Röder- und Hafengasse zum Marktplatz in Rothenburg bietet ein Feuerwerk romantischer Bilder, wie hier vor dem Markusturm mit dem Röderbogen.

Information: Tel.: 09861/40 48 00; www.rothenburg.de
Museen: Nachfolgend nur Sommeröffnungszeiten (im Winter meist verkürzt): Meistertrunk: täglich 11–15 und 20–22 Uhr; Reichsstadt-Museum: täglich 9:30–17:30 Uhr; Historiengewölbe: täglich 9:30–17:30 Uhr; Weihnachtsmuseum: täglich 10–17:30 Uhr; Kriminalmuseum: täglich 10–18 Uhr; Alt-Rothenburger Handwerkerhaus: Mo–Fr 11–17, Sa/So 10–17 Uhr
Einkehr: Zahlreiche Gasthöfe und Cafés mit Terrassen im Altstadtbereich

Schillingsfürst und Feuchtwangen.

Auf der Fahrt von Rothenburg nach Dinkelsbühl bieten sich zwei Zwischenstopps an: Schloss Hohenlohe-Schillingsfürst und Feuchtwangens Altstadt.

Nach Zerstörung einer Vorgängerburg im 30-jährigen Krieg wird **Schloss Hohenlohe-Schillingsfürst** bis 1750 als Barockbau auf dem höchsten Berg der Frankenhöhe neu errichtet, wo es schon von Weitem zu sehen ist. Drei Flügel umstehen einen Innenhof, nach Osten schließt sich ein Hofgarten an. Im Innern sind die Treppenhäuser und Salons reich stuckiert, im Schlossmuseum (Führungen April–Okt. Di–So 12, 14 und 16 Uhr) kann man Gemälde, Deckenbilder und Gobelins sowie edle Möbel, Porzellan und Intarsienfußböden bewundern. Der **Bayerische Jagdfalkenhof** des Schlosses zeigt Di–So 11 und 15 Uhr Vorführungen u. a. mit Adlern, Geiern und Falken. Zur Einkehr laden Schlosscafé und Weinstube Schillingsfürst mit Terrasse direkt vor dem Schloss ein.

Rund 20 km südlich von Schillingsfürst zeigt sich die Altstadt von **Feuchtwangen** von ihrer schönen Seite. Gegründet Mitte des 12. Jh., gehörte die Stadt Jahrhunderte lang den Markgrafen von Brandenburg-Ansbach und kam 1806 zu Bayern. Wichtige Bauten gruppieren sich um den Marktplatz. Dazu gehört vor allem die evangelische **Pfarrkirche**, einst Benediktinerstiftskirche, mit romanischen und gotischen Bauteilen und den beiden Westtürmen. Innen fallen der Marienaltar von 1484, ein geschnitztes Chorgestühl (um 1500) sowie Gemälde und Grabsteine ins Auge. Berühmt ist der spätromani-

Die drei Flügel des Schlosses Hohenlohe-Schillingsfürst. Am Mittelbau ein kleiner Balkon, darüber das Wappen der Fürsten mit zwei Sandsteinlöwen.

Unten: Zu den Attraktionen Dinkelsbühls gehört auch der Hezelhof nahe dem Marktplatz. Er ist ein ehemaliges Patrizierhaus aus dem 16. Jh. mit wunderschönem, blumengeschmücktem Innenhof.

sche Kreuzgang, nicht zuletzt wegen der dort stattfindenden Kreuzgangspiele. Am Marktplatz stehen auch sehenswerte Altstadt- und **Fachwerkhäuser** sowie der **Röhrenbrunnen** von 1726.

Information: Tel.: 09852/904 55; www.feuchtwangen.de
Museum: Fränkisches Museum in der Museumsstr. 19 (Mai–Sept. Mi–So 11–17, Okt.–April 14–17 Uhr), eines der schönsten Museen seiner Art in Franken
Einkehr: Greifen-Post, Marktplatz 8, mit Terrasse (So und Mo Ruhetage)

Dinkelsbühler Stadtansichten. Dinkelsbühl ist heute eines der »am besten erhaltenen spätmittelalterlichen Stadtgebilde Deutschlands«. So ist es bei Georg Dehio im Band Franken nachzulesen. Als Keimzelle der Stadt gilt ein fränkischer Königshof (8. Jh.), erstmals um 1188 genannt. Dinkelsbühl gelingt es, 1355 zur freien Reichsstadt aufzusteigen. Nach spätmittelalterlicher Blüte muss es im 30-jährigen Krieg schwere Belastungen ertragen und wechselt häufig den Besitzer, bleibt aber unzerstört. Danach folgt der Niedergang. Auch der Streit zwischen der katholischen und evangelischen Bevölkerung lastet auf der Stadt. 1802 wird es in den bayerischen Staatsverband eingegliedert.

Rundgang. Wir parken unser Auto außerhalb der Altstadt, beispielsweise in der Nähe des Segringer Tors auf der Westseite, und umrunden erst einmal die Altstadt entlang der Stadtmauer. Dieser **Befestigungsring** ist außerordentlich gut erhalten und öffnet immer wieder idyllische Winkel und Ausblicke auf die Stadt. Er be-

Urbanes Mittelalter in Dinkelsbühl: der Marktplatz mit der links abgehenden Segringerstraße und rechts der malerische Weinmarkt mit prachtvollen Giebelhäusern, darunter die Ratsherrntrinkstube an der Ecke mit Turmhelm und das Deutsche Haus, allesamt um 1600

sitzt zahlreiche unterschiedlich geformte Türme und vier mittelalterliche Tore. Bei diesem Mauergang passiert man eine Reihe wichtiger Bauten: ausgehend vom **Segringer Tor** (1655) nach Südosten zuerst das **Deutschordensschloss**, ein Neubau von 1764 mit schönen Stuckarbeiten, dann das **Nördlinger Tor** (um 1400) und die festungsartige **Stadtmühle** aus dem 14. Jh.

Vorbei am Bäuerlinsturm mit Fachwerkschmuck gelangt man zum **Wörnitztor** aus dem 13./14. Jh., dem ältesten der vier Tore, und an der Nordseite der Altstadt zum **Rothenburger Tor** (um 1390). Dann folgt das **Kinderzech-Zeughaus**, ein mächtiger Fachwerkbau und früherer Kornspeicher, und gleich danach der ebenfalls mit Fachwerk versehene **Kornspeicher** von 1508, heute Jugendherberge.

Historische Handels- und Handwerkerhäuser mit kräftig bunten Fassaden stehen beiderseits der **Segringerstraße**, auf der wir den **Marktplatz** ansteuern. Dort angekommen, imponiert nicht nur das mächtige **Münster St. Georg**, eine spätgotische Hallenkirche mit sehenswerten Altären, z. T. neugotisch, aber mit alten Gemälden und Skulpturen. Auch der **Weinmarkt** bietet malerische Kulissen. Dort steht auf der Westseite die ehemalige **Ratsherrntrinkstube** (um 1600) in kräftigem Rot, in der schon Kaiser und Könige übernachtet haben, heute Touristeninformation der Stadt. Gegenüber sollte man kurz den **Hezelhof** besuchen, ein wunderschönes Fach-

Auch ein Vorzeigeplatz in Dinkelsbühl: der Altrathausplatz mit dem ältesten Tor der Stadt, dem Wörnitztor, dem Löwenbrunnen und ansehnlichen Altstadthäusern

werkensemble mit überquellendem Blumenschmuck. An die Ratsherrntrinkstube schließt sich am Weinmarkt ein **Patrizierhaus** (vor 1600) an, heute Gasthaus zur Glocke, sowie das **Deutsche Haus** aus der Spätrenaissance mit schmuckvoller Fachwerkfassade, heute Hotel, und die **Schranne** mit Schneckengiebel, einst ein Getreidelager der Stadt. Auch weiter hinten und in der Dr.-Martin-Luther-Straße stehen dekorative Häuser und die **Spitalanlage** (um 1280), ein Komplex mit drei Flügeln um einen Innenhof. Malerische Bilder zeigen sich nicht zuletzt rund um den Altrathausplatz mit dem **Alten Rathaus** (1361), dem **Wörnitztor** und dem Löwenbrunnen sowie mit ansehnlichen Altstadthäusern.

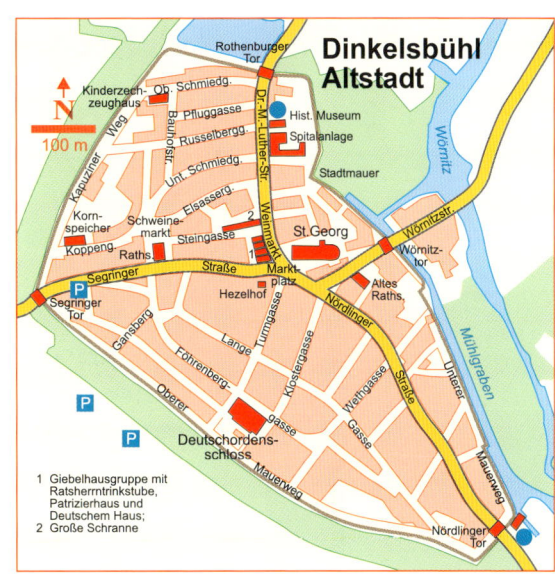

1 Giebelhausgruppe mit Ratsherrntrinkstube, Patrizierhaus und Deutschem Haus;
2 Große Schranne

Information: Tel.: 09851/90 24 40, www.dinkelsbuehl.de
Museum: Haus der Geschichte, Altrathausplatz 14 (Mai–Okt. Mo–Fr 9–18, Sa/So 10–17 Uhr)
Einkehr: Altdeutsches Restaurant im Hotel Deutsches Haus, Weinmarkt 3, Straßenterrasse; Hotel Goldene Rose, Marktplatz 4, Straßenterrasse

Romantik pur! Solche Bilder begegnen uns bei einem Rundgang entlang der Stadtmauer, eine der besterhaltenen in Franken.

12 Ausflug ins markgräfliche Ansbach

Rundgang in Ansbach und Besichtigung wichtiger Sehenswürdigkeiten der Stadt

Anfahrt: Mit dem Auto ab München A9/B13; ab Nürnberg A6 und ab Augsburg A8/A7/A6. Mit der Bahn ist Ansbach regelmäßig und relativ schnell zu erreichen.
Karten: Reisekarte Franken; ADAC-Autokarte Bayern Nord, 1 : 200.000; Stadtplan Ansbach.
Information:
Romantisches Franken
Tel. 09803 / 941 41;
www.romantisches-franken.de;
Ansbach Tel. 0981/ 51-243;
www.ansbach.de

In der Stadt des fränkischen Rokoko machen Sie Bekanntschaft mit kunstgeschichtlich bedeutenden Kirchen, der markgräflichen Residenz mit Hofgarten und Orangerie, dem Markgrafenmuseum und – mit Kaspar Hauser, dem Findelkind Europas.

Bummel durch die Altstadt. Urzelle der Stadt war ein 748 gegründetes Benediktinerkloster, erstmals genannt wurde die Stadt 1221. Als Stadtherren fungierten in den folgenden Jahrhunderten die Staufer und ab 1331, als Stadt und Stift hohenzollerisch wurden, bis 1791, also über 450 Jahre, die Nürnberger Burggrafen respektive Brandenburger Markgrafen. 1456 kam das kaiserliche Landgericht nach Ansbach, die Stadt wurde Residenz und 1525 protestantisch. Anfang des 18. Jh. erfolgte der Umbau der Stadt zur barocken Residenz. 1792 schließlich wurde Ansbach nach Thronverzicht des Markgrafen preußisch und fiel 14 Jahre später endgültig an Bayern.

In Ansbach muss man nicht hungern oder dürsten: An jeder Ecke lockt eine gemütliche Straßenterrasse.

Ausgangspunkt des **Stadtrundgangs** ist der Bahnhof. Wir folgen der 100 m links versetzten Karlstraße, überqueren den **Karlsplatz**, an dem u. a. die Ludwigskirche und die Karlshalle von 1778 stehen, und wenden uns an der verkehrsreichen Promenade links, bis wir auf das **Herrieder Tor** treffen, einen spätmittelalterlichen Torbau mit barockem Turm. Dort betreten wir die **Altstadt**. Über die Uz- und die ansehnliche Platenstraße kommen wir zur **Johanniskirche** aus dem 15. Jh. Im schlichten Innern sind ein Grabmal als Altaraufsatz sowie ein Renaissance-Altar um 1525 und Jugendstilfenster im Chor bemerkenswert. Hinter der Kirche das **Markgrafenmuseum** (Mai–Sept. täglich 10–17, sonst Di–So 10–17 Uhr), u. a.

Linke Seite: Wahrzeichen und Vorzeigeobjekt in Ansbach: das Markgräfliche Schloss (1706–1738), heute Sitz der Bezirksregierung von Mittelfranken

mit Fayencen, Porzellan, Gemälden und Münzen sowie historisch-naturwissenschaftlichen Sammlungen und einer Abteilung über Kaspar Hauser (siehe Kasten). Nur ein paar Schritte sind es zur ehemaligen Stiftskirche **St. Gumbertus** aus dem 15 Jh., deren dreitürmige Fassade Ansbachs Wahrzeichen ist, zusammen mit dem ungleichen Turmpaar der Johanniskirche. Der nüchterne Innenraum steht ganz im Gegensatz zu dem vom Langhaus

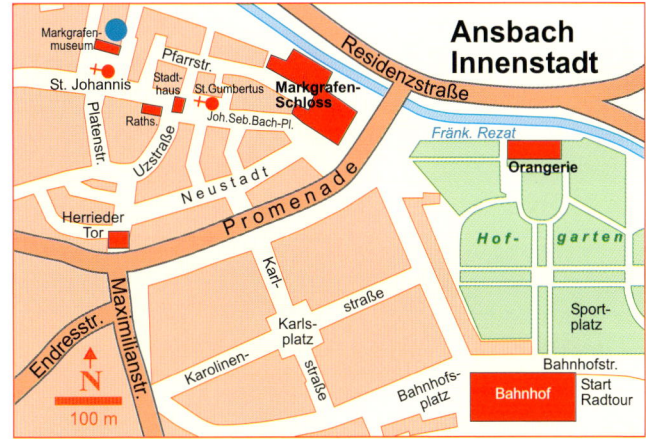

abgetrennten Chor, in dem die **Schwanenritterkapelle** untergebracht ist. Ihre Schaustücke sind wertvolle Grabplatten und Totentafeln sowie das Tafelbild »Christus in der Kelter« und ein Ordensaltar von 1484. In der Fürstengruft unter der Kapelle stehen prachtvolle Sarkophage vieler Markgrafen (im Sommer Fr/Sa 15–17, So 11–12 und 15–17 Uhr). Die angrenzende Krypta um 1040 ist Ansbachs ältestes Baudenkmal.

Sehenswert sind auch Gebäude rund um St. Gumbertus. So an der Nordseite die **Hofkanzlei**, ein Spätrenaissancebau mit sieben Giebeln, auch das schöne **Stadthaus** (1532) an der Westseite mit dem

Die wunderschön anzuschauende Orangerie im Hofgarten zu Ansbach, eines der größten Gartenschlösser Frankens, mit durchgehender Reihe von Rundbogenfenstern

Georgsbrunnen, schließlich noch interessante Stiftshöfe aus dem 16. Jh. am Johann-Sebastian-Bach-Platz, wie z. B. der **Beringershof**. Von diesem Platz geht es zur nahe gelegenen **Residenz**. Das markgräfliche Renaissanceschloß (16. Jh.) ist Ansbachs Glanzpunkt. Bei den Führungen durch 27 Prunkräume (April–Sept. täglich 9–17 Uhr stündlich, im Winter 10–15 Uhr) erlebt man prächtige Raumfolgen, reiche Stuckierung und eine erlesene Einrichtung, alles in stilechtem Rokoko. Im Kachelsaal wird eine bedeutende Sammlung Ansbacher Fayencen und Porzellan ausgestellt. An der Promenade gegenüber liegt der **Hofgarten**, wo auch ein Gedenkstein für Kaspar Hauser steht. Die **Orangerie** an der Nordseite des Parks wurde 1728 errichtet und ist eines der größten Gartenschlösser Frankens.

Ein historisch bedeutsamer Platz in Ansbach: rechts das Rathaus von 1531 (Umbau 1623), in der Mitte das Stadthaus, ein ehemaliges Landhaus von 1532, und dahinter die Dreiturmfassade der spätgotischen Gumbertuskirche

Information: Tel.: 0981/51-243; www.ansbach.de
Einkehr: Gasthaus Zum Mohren, Pfarrstr. 9, Biergarten; Café/Restaurant Orangerie, im Hofgarten, Gartenterrasse (Mo Ruhetag)

13 Glanzpunkte im Ansbacher Umland

Heutige Highlights sind eine Zisterzienserabtei, drei Schlösser und ein idyllisches Dorfbild (ca. 80 km)

Anfahrt: Mit dem Auto ab München A9/B13; ab Nürnberg A6 und ab Augsburg A8/A7/A6; Bahnanfahrt nicht empfehlenswert
Karte: Reisekarte Franken: ADAC-Autokarte Bayern Nord, 1 : 200.000
Information: Ansbach Tel. 0981 / 51 243; www.ansbach.de

Nicht nur Ansbach selbst kann mit Attraktionen aufwarten, auch sein Umfeld versteht zu glänzen. Wie eine Perlenkette legen sich Dörfer mit imponierenden Bauwerken um die Stadt. Die Rede ist von Colmberg, Heilsbronn, Lichtenau, Wolframs-Eschenbach und Sommersdorf. Lassen Sie sich überraschen!

Auftakt in Lichtenau. Der Markt Lichtenau liegt 8 km östlich von Ansbach und besitzt in einer Festung seine herausragende Sehenswürdigkeit. Sie ist ein Glanzstück der Renaissancebaukunst und war einst Wehranlage der Nürnberger Burgherren (Wikipedia), gerichtet gegen die Markgrafen von Ansbach. Diese zerstörten 1552 die Burg, die danach wieder aufgebaut wurde, entsprechend dem heutigen Aussehen.

Die fünfeckige Anlage ist von einer Mauer umgeben, die an den fünf Ecken je eine turmartige Bastion besitzt. Eine zweite Reihe mit Gebäuden umschließt innerhalb der Mauer den viereckigen Innenhof mit dem Schlossgebäude und seinen zwei markanten Ecktürmen. Der früher an der Außenmauer verlaufende Wassergraben ist verschwunden.

Die Bilder unten zeigen die Festung Lichtenau. Links der Blick von außen auf die Ringmauer und einen runden Eckturm des Schlossgebäudes. Rechts der Gang zwischen der äußeren Mauer und dem inneren Gebäudering, wiederum mit einem runden Eckturm des eigentlichen Schlosses.

Per Fahrrad nach Wolframs-Eschenbach. Von Lichtenau aus bietet sich an, das nahe gelegene Wolframs-Eschenbach mit dem Fahrrad zu erkunden. Los geht es ab Zentrum auf der Bad-straße Richtung Boxbrunn, wo wir nach kräftigen Steigungen ankommen. Weiter geht es 2,5 km nach Süden, unter der A6 hindurch und zur Straße Wat-tenbach–Gotzenmühle. Hier biegen wir rechts und nach 1 km wieder links Richtung Gotzen-dorf ab. Über eine Hochebene mit Windrädern und weiten Ausblicken gelangen wir nach **Wolframs-Eschenbach**.

Der im 11. Jh. erstmals erwähnte und 1332 zur Stadt erhobene Ort war Heimat des Dichters und Minnesängers Wolfram von Eschenbach (u.a. »Parzifal«) und gehörte fast 600 Jahre dem Deutschen Orden an, der ihn ab dem 14. Jh. ausbaut. 1796 geht die Ordensherrschaft zu Ende, die Stadt kommt 1806 zu Bayern. Wir betreten die von einer intakten **Ringmauer** umgebene **Alt-stadt** durch das Obere Tor und folgen der Hauptstraße mit ihren stattlichen **Fachwerk- und Giebelhäusern** des 15. Jh. Die Straße

Alle »Vorzeigeobjekte« in Wolf-rams-Eschenbach auf einen Blick: Von links nach rechts: das Hohe Haus von 1419, der Wolfram-von-Eschenbach-Brunnen, die Alte Vogtei, heute altfränkisches Gasthaus, das noble Deutschor-densschloss, heute Rathaus und ganz rechts noch die Ecke des Al-ten Rathauses mit einem Museum

führt zum Wolfram von Eschenbach-Platz, um den sich bedeutende Bauten gruppieren: das gotische und 1730 barockisierte **Frauenmünster**, in dem Stuck, Fresken und Flügelaltäre, wie der kostbare Rosenkranzaltar (1510), sehenswert sind. Davor steht das **Alte Rathaus** (1687) mit dem Wolfram-von-Eschenbach-Museum (April–Okt Di–So 14–17, So auch 10.30–12, im Winter nur Sa/So 14–17 Uhr). An der Westseite schließt sich das ehemalige **Deutschordensschloss** von 1623 an, heute Rathaus der Stadt. Die elegante Frontseite mit zwei Eckerkern zeugt vom Glanz der Ordensära. Links folgt die ehemalige **Ordensvogtei**, ein schönes Fachwerkhaus des 17. Jh., heute Gasthaus.

Blick in das mittlere der drei Schiffe im Münster von Heilsbronn. Ganz hinten der lichtdurchflutete Chor mit dem Choraltar. Im Mittelschiff drei bedeutende Hochgräber mit Liegefiguren: die Tumba der Kurfürstin Anna von Sachsen, die des Marktgrafen Joachim Ernst und die des Burggrafen Georg Friedrich I

Information: Tel. 09875 / 975 50; www.wolframs-eschenbach.de;
Einkehr: Alte Vogtei: derzeit langfristige Renovierung
(ca. 2015/16)

Rückfahrt nach Lichtenau. Wenn Sie dieses schöne Städtchen angesehen und sich in der Alten Vogtei ausgeruht haben, steht die Rückfahrt nach Lichtenau an. Ab dem Badweiher am Westrand der Altstadt geht es nach **Waizendorf** und 1,5 km danach rechts weiter in stiller bäuerlicher Gegend bis **Bammersdorf**.

Jetzt steuern wir durch ein reizvolles Tal Zandt an, halten uns an der nächsten Querstraße links und biegen 400 m nach der Zandtmühle rechts ab. Nach einer 400-Meter-Steigung biegen wir noch einmal links ab und gelangen nach Oberrammersdorf. Hier folgen wir dem Schild nach Ratzenwinden, bleiben an der Straßengabel 200 m nach **Oberrammersdorf** links und biegen nach Überqueren der A 6 gut 100 m vor dem Weiler Steinhof rechts ab. Dieses Sträßchen bringt uns hinunter nach Rutzendorf, wo ein Plattenweg in reizvoller Gegend nach Osten bis Lichtenau führt.

Galanummer Heilsbronn. Wir fahren den Katzensprung von Lichtenau nach Heilsbronn und geraten erneut ins Staunen. Von einem 1132 gestifteten Zisterzienserkloster ist neben ehemaligen Klostergebäuden auch noch die dreischiffige romanische Basilika vorhanden. Ihr stimmungsvolles Inneres ist eine großartige Raumkomposition, die den romanischen Baubestand der Gründerzeit widerspiegelt. Obwohl von den einst 29 Altären nur noch neun vorhanden sind, gilt die Innenausstattung als reichhaltig,

Bild oben links: das prächtige Hochgrab des Burggrafen Georg Friedrich I. im Münster von Heilsbronn

Bild oben rechts: Altar »Marter der Elftausend Jungfrauen« von 1513 im Münster, einer der neun spätgotischen Altäre mit Schnitzfiguren

Ehemalige Klosterkapelle aus dem 13. Jh. in der Spitalgasse 6 im Zentrum von Heilsbronn. Das Fachwerk wurde im 18. Jh. hinzugefügt.

wobei die Altäre und die Grab-mäler der Burg- und Markgrafen nach Georg Dehio als die bedeutendsten Stücke angesehen werden. Das Große Wandgrab der brandenburgischen Markgrafen Friedrich und Georg des Frommen bezeichnet er als »eines der besten unter den Grabmälern der deutschen Frührenaissance«. Sehenswert sind auch die Ritterkapelle mit Grabsteinen, Altarfragmenten und Votivbildern sowie die Heidecker Kapelle mit Holzfiguren und einem Altar. Nahe dem Münster stehen u.a. noch das Refektorium (Speisesaal der Mönche) sowie die Neue Abtei mit spätgotischen Innenräumen. Im Zentrum von Heilsbronn ist vor allem die ehemalige Spitalkirche des Klosters beachtenswert.

Information: Heilsbronn, Tel. 09872 / 806-19; www.heilsbronn.de
Einkehr: Gasthof Adler mit Biergarten, Kammereckerplatz 3, Mi und Do Ruhetage; »Klosterhof« mit Biergarten, Marktplatz 17, Di Ruhetag

Abstecher nach Colmberg. Wer eine der schönsten und am besten erhaltenen mittelalterlichen Burgen an der Burgenstraße zwischen Ansbach und Rothenburg ob der Tauber besuchen möchte, fährt von Heilsbronn über Weihenzell und Lehrberg nach Colmberg. Imposant auf einer Bergnase gelegen, ragt aus der Anlage, deren Geschichte bis 1319 zurückreicht, vor allem der mächtige dreigeschossige Palas (Saalbau einer romanischen Burg) mit Walmdach heraus, ursprünglich romanisch, dann gotisch verändert. Das

Nicht nur der Anblick der mittelalterlichen Burganlage ist beeindruckend, auch der Blick vom Burggelände hinunter auf den Markt Colmberg und die Landschaft des Naturparks Frankenhöhe fasziniert.

Im Bild unten die Burg, hier zu sehen das mächtige dreistöckige Saalgebäude und der markante runde Bergfried

Bild bestimmt außerdem der markante runde Bergfried aus dem 16. Jh. Die Burg konnte trotz wiederholter Angriffe nie eingenommen werden, was natürlich auch die Originalität der Anlage bewahrt hat. Man kann mit dem Auto hinauffahren und dann im Burggelände spazieren gehen.

Information: Colmberg, Tel. 09803 / 932 90; www.colmberg.de
Einkehr: Gasthaus Schwarzer Adler mit Biergarten, Am Markt 10, Di Ruhetag

Ein Märchenschloss in Sommersdorf. Zum Schluss noch etwas fürs Herz! Wenn Sie von Colmberg über Leutershausen und Herrieden nach Sommersdorf fahren, können Sie in Herrieden eine Pause einlegen und der dortigen Stadtpfarrkirche einen kurzen Besuch abstatten. Die ehemalige Klosterkirche der Benediktiner zeichnet sich nämlich durch wohlproportionierte Raumverhältnisse und einer Barockausstattung von höchster handwerklicher Reife (Dehio) aus.

Dann aber geht es nach **Sommersdorf**, wo uns ein wasserumflossenes Märchenschloss erwartet. Genießen Sie den romantischen Anblick, immerhin gilt das Schloss als »bedeutendster Profanbau des Gebiets« und als ein wichtiges »Beispiel einer Ganerbenburg des ausgehenden Mittelalters« (Dehio).

Das von Wasser umspielte Schloss Sommersdorf unter weiß-blauem Himmel. Das Schloss ist eine Ganerbenburg, was vereinfacht heißt, dass sie gleichzeitig von mehreren Familien bewohnt und verwaltet wird. Das Schloss in Sommersdorf und Teile des Schlossparks sind für Besucher nicht zugänglich.

14 Radeln im Fränkischen Seenland

Genussvolle Radtour ab Gunzenhausen an Brombach- und Altmühlsee (ca. 47 km)

Autoanfahrt: Ab München
A9/B13; ab Nürnberg
A6/B13 und ab Augsburg
B2/B13;
Karten: Reisekarte Franken:
ADAC-Autokarte Bayern Nord,
1 : 200.000;
Radtour Gunzenhausen:
Topografische Karte UK 50-22
Fränkisches Seenland
1:50.000
Information: Fränkisches
Seenland
Tel. 09831 / 50 01-20;
www.fraenkisches-seenland.de

Nach einem kurzen Rundgang durch das Städtchen Gunzenhausen schwingen wir uns in den Sattel und nehmen den Kleinen und Großen Brombachsee sowie den Altmühlsee zum Ziel. Unterwegs begegnet man verlockenden Badestränden und reizvoller fränkischer Landschaft.

Erstes Ziel: der Kleine und Große Brombachsee. Nachdem wir festgestellt haben, dass auch Gunzenhausen seine Glanzlichter hat, etwa die Evangelische Pfarrkirche, Reste der Stadtmauer, ansehnliche Häuser und mehrere Museen, starten wir am Rathaus unsere Radtour.

Auf Rathaus-, Burgstall-, Hensolt- und Frickenfelder Straße geht es durch Vorortsiedlungen der Stadt geradlinig nach Osten hinaus. Nach 3,5 km stehen wir an der Kirche in **Frickenfelden**, biegen danach rechts Richtung **Gundelshalm** ab und erreichen dieses Dorf in bäuerlicher Landschaft nach knapp 2 km. Hier drehen wir auf Nordkurs und folgen dem Radschild Brombachsee. Wenig später queren wir die Staatsstraße 2222 und wechseln nach weiteren 2,5 km auf einen Radweg zum Brombachsee. Ein erster Badestrand befindet sich 500 m danach am **Kleinen Brombachsee** (2,5 qkm), dort mit schönen Blicken über den See auf das Nordufer. Entstanden sind die künstlichen Stauseen des Fränkischen Seenlandes vor allem zur Wasserregulierung für regenarme Regionen, zum Hochwasserschutz und nicht zuletzt zur Freizeitnutzung.

Der Radweg führt weiter am oder nahe dem Ufer nach Osten, mal mit schöner Aussicht, mal durch Uferwald. Bei Kilometer 12 passiert man ein Wildgehege mit Wildschweinen und gelangt gleich darauf zum großen **Damm** zwischen den beiden

Ein besonders reizvolles Motiv während der Tour: Blick über einen Weiher auf das hochgelegene Gräfensteinberg

Brombachseen. Wir bleiben diesseits, nun in Ufernähe des **Gro-
ßen Brombachsees** (8,5 qkm), streifen kurz danach das NSG
Grafenmühle und stoßen bei Kilometer 16 auf den Badestrand
Ramsberg, zugleich auch Surfstrand, Segelschule und Yachtha-
fen. Man kann dort ein Boot leihen und natürlich Hunger und
Durst stillen. Oder einfach nur die schöne Aussicht genießen.

Nach 19 km erreichen wir schließlich den Ostdamm des Sees.
Seine ganze Größe erschließt sich in besonderer Weise beim
Überqueren des Dammes. Drüben an der Ecke ein Badestrand
mit Einkehrmöglichkeit, dort biegen wir nach Westen ab und
müssen die nächsten 3 km wegen der dichten Uferbewachsung
auf Seeblicke verzichten. Dann gelangt man zum Uferort **En-
derndorf**, der u. a. einen Sandstrand sowie Segelhafen, Segelzen-
trum und Einkehrmöglichkeiten aufbieten kann. Als Nächstes

Auch abseits der Seen eröffnen
sich in bäuerlichem Land stimmungsvolle Bilder und weite
Ausblicke, wie hier zwischen
Büchelberg und Muhr am See.

Freizeitgestaltung am Altmühlsee. Auch auf vier
Rädern kann man genussvoll
radeln.

überqueren wir bei schönen Ausblicken den Damm zwischen Großem
Brombachsee und Igelsbachsee,
kommen auf dem Uferweg wieder
zum Damm zwischen den beiden
Brombachseen und radeln nun
knapp zwei km am Nordufer des
Kleinen Brombachsees entlang.
Rückfahrt über den Altmühlsee.
Dann heißt es aufpassen: Wir müssen einem Radwegweiser nach
rechts in Richtung Haundorf folgen und nach Queren einer Straße
auf der Angerhofstraße Richtung
Röthenhof hinausradeln. Auf einem wunderschönen, stillen
Radlsträßchen passiert man den
Weiler **Röthenhof**, fährt an der Querstraße in **Brombach**
links durch das Dorf, um am Ende halbrechts auf ein Asphalt-
sträßchen mit Radschild einzuschwenken. Auch hier schöne
stimmungsvolle Landschaftsbilder und erhabene Ausblicke. Das
Sträßchen geht in einen Schotterweg über und lenkt uns in den
Wald. Nachfolgend richten wir uns stets nach dem Schild mit

gelbem Balken auf weißem Grund. Es führt uns nach dem Wald geradewegs über eine neue Verkehrsstraße, am Nordrand des Weilers Geislohe entlang (kleines Radschild) zum Steinberger Weiher, dann über eine Kreuzung hinweg und nach Queren einer Kreisstraße direkt nach **Büchelberg**. Der Radltacho zeigt am Ortsende 39 km.

Begleitet von wunderbaren Ausblicken, geht es weiter auf einem Schotterweg nach Westen (immer gelber Balken!). An einem einzeln stehenden Baum biegt man links auf einen Plattenweg (abgehend vom gelben Balken!) nach 100 m wieder rechts ab und erreicht unter B 13 und Bahnlinie hindurch das Zentrum und die Kirche von **Muhr** am See.

Hier setzen wir zum Endspurt an. Über Ansbacher-, Franken- und Gunzenhäuser Straße gelangt man zum Ufer des **Altmühlsees**, wo wir bei herrlichen Seeblicken am Ostufer Richtung Gunzenhausen hinunterradeln, vorbei an diversen Gastronomiebetrieben und Bade- bzw. Sportstränden. Nach 3,5 km verlassen wir – kurz bevor die Altmühl wieder aus dem See abfließt – den Uferweg nach links und kehren zum Rathaus in **Gunzenhausen** zurück. Bevor wir uns wieder ins Auto setzen oder zur Bahn gehen, können wir im Adlerbräu einkehren und bei einem Cappuccino oder einer Brotzeit die Seentour ausklingen lassen.

Information: Gunzenhausen, Tel.: 09831/50 81 00; www.gunzenhausen.de
Einkehr: Hotel-Gasthof Adlerbräu, Marktplatz 10–12, Straßenterrasse; Gasthaus Zum Alten Rathaus, Marktplatz 41, Terrasse (Sa/So Ruhetage)

Bild linke Seite oben:
Den schönsten Blick auf den Großen Brombachsee hat man beim Überqueren des Damms an seinem Ostufer. Der See umfasst mit seinen Anhängseln (Kleiner Brombachsee und Igelsbachsee) insgesamt eine Fläche von 12,7 qkm, ist also etwa so groß wie der Tegernsee.

Eine empfehlenswerte Einkehr vor oder nach der Radtour: der Hotel-Gasthof Adlerbräu in Gunzenhausen mit Straßenterrasse

15 Von Weißenburg ins fränkische Altmühltal

Kunst und Natur rund um Weißenburg und im nördlichen Naturpark Altmühltal (ca. 40 km)

Autoanfahrt: Ab München A9/B13; ab Nürnberg A6/B13 und ab Augsburg B2/B13
Karten: Reisekarte Franken: ADAC-Autokarte Bayern Nord, 1:200.000
Information: Naturpark Altmühltal in Eichstätt, Tel. 08421 / 987 60

Würdiger Auftakt dieses Ausflugs ist ein Rundgang im historischen Weißenburg. Die ehemalige Römerstadt kann einmalige Sehenswürdigkeiten aufbieten. Nachdem wir auch Schloss Ellingen und die Wülzburg gewürdigt haben, steuern wir ein paar bekannte Glanzpunkte im fränkischen Altmühltal an.

Besuch in Weißenburg. Weißenburg blickt auf eine lange Geschichte zurück. Es hat nämlich nicht nur eine reichsstädtische Vergangenheit, sondern war auch **Römerkastell**. »Birciana« hieß es und lag zirka 5 km südlich des Limes, der heute Welterbe ist. Die konservierten Ruinen des Kastells und der Thermen sowie das **Römermuseum** (Di–So 10–12.30 Uhr und 14–17 Uhr), in dem u. a. der 1979 gefundene sensationelle Römerschatz ausgestellt ist, zeugen von dieser Ära und bilden einen Schwerpunkt römischer Archäologie in Deutschland.

Die Epoche Weißenburgs als **freie Reichsstadt** begann im frühen 14. Jh. und endete 1802. Aus dieser Zeit sind in der Altstadt vor allem die **Pfarrkirche St. Andreas** (1327–1520) mit beachtlicher Altaranlage (um 1500) und kostbaren Ausstattungsstücken und die ehemalige **Karmelitenkirche** mit einem kunsthistorisch bedeutenden gotischen Wandgemälde im Chor interessant. Sehenswert sind auch das **Rathaus** von 1476 zwischen den beiden Marktplätzen sowie ansehnliche Fachwerk- und Massivhäuser in der gesamten Altstadt. Im-

ponierend ist nicht zuletzt die fast vollständig erhaltene **Stadt-mauer** (14./15. Jh.) mit malerischen Turmbauten, Grabenwei-hern und zwei Tortürmen, von denen das Ellinger Tor einen »der schönsten romantischen Torbauten Deutschlands« (Georg De-hio) darstellt. Das **Reichsstadtmuseum** (geöffnet wie Römer-museum) widmet sich der reichsstädtischen Ära.

Information: Tel.: 09141/90 71 24; www.weissenburg.de
Einkehr: Flair-Hotel-Restaurant Am Ellinger Tor, Ellinger Str. 5–7, Garten; Hotel Goldene Rose, Rosenstr. 6, Garten

Abstecher nach Ellingen und zur Wülzburg. Nur einen Stein-wurf entfernt, steht in Ellingen ein ehemaliges **Deutschordens-**

Urbanes Mittelalter in romanti-scher Kulisse an der Stadtmauer von Weißenburg in Bayern

Bild unten links: die kleine Bronzefigur des Herkules im Römermuseum von Weißenburg in Bayern

Bild unten rechts: das Ellinger Tor in Weißenburg, ein besonders malerisches Ensemble mit Turm und Vorwerk, Letzteres mit zwei Türmchen und Reichswappen

Schloss Ellingen mit dem Ostflügel. Die elegante Anlage
besitzt insgesamt vier Flügel,
wobei die barocke Schlosskirche
den Nordflügel bildet. Die
Schaufront ist die Südfassade.

schloss. Die **Anlage** wurde Anfang des 18. Jh. neu erbaut und ab 1774 im Stil des Klassizismus umgestaltet. Hauptanziehungspunkte heute sind gemäß Schlösserverwaltung Bayern die Deutschordensräume, Intarsienkabinette, die Schlosskirche und die fürstlichen Raumfolgen.

Ab 1815 wohnte Feldmarschall Fürst von Wrede in dem Schloss, das 1939 an den bayerischen Staat verkauft wurde. Führungen im Sommer: April bis September 9 bis 17 Uhr stündlich.

Auf einem Bergkegel östlich von Weißenburg liegt die **Wülzburg**, die 1588 an Stelle eines Benediktinerklosters als moderne Artilleriefestung erbaut wurde. Die Anlage bildet ein Fünfeck mit mächtigen Bastionen an den Ecken. In den Hof gelangt man durch das Äußere Schlosstor, das reich und kunstvoll gegliedert ist. Im Innern dann das eigentliche Schloss, bestehend aus zwei Flügeln mit je drei Geschossen.

Auf den Spuren Karls des Großen. Man schrieb das Jahr 793, als der karolingische Kaiser Karl der Große auf die kühne Idee kam, die beiden Flusssysteme Rhein und Donau mittels eines Kanals (Karlsgraben oder Fossa Carolina) zu verbinden. Auf Flüssen und Bächen konnte man im Mittelalter am bequemsten große Entfernungen überwinden und sich damit strategische Vorteile verschaffen.

Dieser langgestreckte Weiher, im
Wald flankiert von Erdwällen, ist
der klägliche Rest eines für das
frühe Mittelalter verwegenen
Projekts – des Karlsgrabens
zwischen den Flusssystemen
Main und Donau.

Schauplatz des Projekts war ein kleines Dorf ca. 3 km nördlich von Treuchtlingen, das heute bezeichnenderweise **Graben** heißt. Dort nämlich nähern sich die Schwäbische Rezat, die dem Main zustrebt und die Altmühl, die in die Donau mündet, bis auf 2 km an, näher als sonst irgendwo zwischen den beiden Flusssystemen. Geholfen hat es trotzdem nicht. Schwierige Bodenverhältnisse und vor allem ein Höhenunterschied von 10 m zwischen Rezat und Altmühl konnten damals technisch nicht überwunden werden. So blieb es letztlich der Rhein-Main-Donau-AG überlassen, einen leistungsstarken Rhein-Main-Donau-Kanal zu bauen, der 1992 fertiggestellt wurde.

Vom genialen Projekt Karls des Großen blieben indessen eine gut 300 m lange Wasserfläche und zwei 500 m lange Erdwälle übrig.

Solnhofener Höhepunkte. Rund 15 km südöstlich von Graben liegt Solnhofen nicht nur malerisch am Ufer der Altmühl, es besitzt auch außergewöhnliche Sehenswürdigkeiten. Eine davon ist die **Solabasilika**. In der zweiten Hälfte des 8. Jh. wirkte der angelsächsische Missionar Sola im Raum Solnhofen. Er starb 794, wurde heiliggesprochen und in der 839 fertiggestellten dreischiffigen Solabasilika in einer Tumba bestattet. Leider musste 1783 diese Kirche wegen Einsturzgefahr fast vollständig abgerissen werden. Was heute an Bausubstanz zu sehen ist, sind die Reste dieser alten Kirche, die eine der ältesten Kirchenanlagen Deutschlands darstellt und mit ihren karolingischen Säulen und dem Sola-Grab zu den größten kunstgeschichtlichen Sehenswürdigkeiten Mittelfrankens zählt (Wikipedia). In den 1960er- und 70er-Jahren ergaben Ausgrabungen, dass vor der dreischiffigen Solabasilika schon vier Vorgängerkirchen existiert haben müssen.

Eine besondere Attraktion beherbergt auch das Solnhofener **Bürgermeister-Müller-Museum**. Unter den zahlreichen Versteinerungen ragt ein **Urvogel** Archäopteryx heraus, eine Art Eidechsenvogel. Gemäß Wikipedia wurden bisher elf Exemplare dieser Art in den Steinbrüchen des Altmühltals entdeckt, die zum Teil in internationalen Museen ausgestellt sind. Nr. 7 gehört dem Museum in Solnhofen.

Bild oben: die Baureste der Solabasilika in Solnhofen: Säulen aus dem 9. Jh. mit wertvollen Kapitellen und das (leere) Hochgrab des hl. Sola

Bild unten links: An der Grenze des fränkischen und oberbayerischen Altmühltals erhebt sich nahe Solnhofen eine spektakuläre Felsgruppe mit zwölf hochragenden Dolomittürmen, genannt die »Zwölf Apostel«. Sie gehören zu den 100 schönsten Geotopen Bayerns.

Bild unten: der Archäopteryx von Solnhofen, das Glanzstück einer reichhaltigen Sammlung von Versteinerungen

16 Ein Bummel durch Nürnbergs Altstadt

Feuerwerk an Attraktionen am Fuße der Kaiserburg

Anfahrt: Mit dem Auto ab München A 9, ab Augsburg B 2. Mit der Bahn regelmäßige und schnelle Verbindungen nach Nürnberg aus allen Richtungen
Karten: Reisekarte Franken: ADAC-Autokarte Bayern Nord, 1:200 000;
Rundgang Nürnberg: Stadtplan Nürnberg (erhältlich bei Touristeninformation gegenüber Hauptbahnhof)
Information: Congress & Tourismuszentrale Nürnberg, Tel.: 0911/233 60;
www.nuernberg.de

Im Mittelalter war das Heilig-Geist-Spital in Nürnberg eine wichtige Sozialeinrichtung für Arme und Kranke. Hier wurden von 1424 bis 1796 die Reichsinsignien aufbewahrt.

Standesgemäß hat Frankens Metropole Besonderes aufzubieten: Von Lebkuchen und Bratwürsten einmal abgesehen, ist es hochrangige Kunst in Kirchen und Museen, zudem imposante Architektur aus vergangenen Jahrhunderten und nicht zuletzt eine gute Portion fränkisches Flair.

Stadtgeschichte in Kürze. Nach Gründung von Burg und Siedlung wird »Nourenberc« 1050 erstmals in einer Urkunde erwähnt. Ab 1219 von Kaiser Friedrich II. zur Reichsstadt erhoben, ist es danach häufig glanzvoller Schauplatz von Kaiserbesuchen und Reichstagen. Günstige Handelsverbindungen und die Leistung von Handwerk, Kunst und Wissenschaft bewirken im 15./16. Jh. eine Blütezeit. 1525 wird die Reformation eingeführt. Danach aber erfolgt ein allmählicher Niedergang, verursacht durch Pest und Kriege. Erst um 1800 entdeckt die Romantik die Stadt als »des Reiches Schatzkästlein« wieder. Seine Reichsunmittelbarkeit verliert Nürnberg jedoch 1806 und fällt an Bayern. 1835 fährt die erste Eisenbahn von Nürnberg nach Führt. Die fortlaufende Industrialisie-

rung verschafft der Stadt neuen Auftrieb. Im Dritten Reich als »Stadt der Reichsparteitage« missbraucht, wird seine Altstadt bei einem verheerenden Bombenangriff im Januar 1945 nahezu völlig zerstört. Viele historische Bauten gehen unwiederbringlich verloren.

Durch die Altstadt. Etwa ein halber Tag bleibt uns, um die wichtigsten Sehenswürdigkeiten der Altstadt kennenzulernen. Los geht es an der Königsstraße gegenüber vom Hauptbahnhof. Dort interessieren der 40 m hohe **Frauentorturm** von 1388 als Teil der Stadtmauer und der gleich anschließende **Handwerkerhof**, ein kleines altfränkisches Viertel mit Fachwerkhäuschen, Handwerksläden und Lokalen. Nächster Blickfang auf der Königsstraße stadteinwärts ist die **Mauthalle** (1502) am Hallplatz, ursprünglich größtes Kornlager, später Waag- und Zollamt der Reichsstadt. Wir wenden

Erste Höhepunkte zu Beginn des Rundgangs: links die ehemalige Mauthalle von 1502, rechts das Nassauer Haus mit Chörlein (12.–15. Jh.), einst Wohnturm für Ministerialbeamte.

Impressionen aus dem Germanischen Nationalmuseum: links eine Halle mit zahlreichen Wandskulpturen, rechts die »Beweinung Christi«, eines der Meisterwerke von Tilman Riemenschneider (um 1460)

Im Mittelalter ein abschreckender und ausgegrenzter Ort, nämlich Wohnstätte des Nürnberger Henkers, heute mit dem fachwerkverzierten Weinstadel und dem Wasserturm ein Vorzeigewinkel der Stadt

Fachwerkidylle am Tiergärtnertorplatz: links das Pilatushaus, in der Mitte ein Gasthaus und darüber die Kaiserburg

uns nach links und stoßen auf das wuchtige **Zeughaus** von 1588, einem ehemaligen Waffenlager der Stadt. Nur einen Katzensprung entfernt liegt das **Germanische Nationalmuseum** (Kartäusergasse 1, Di–So 10–18, Mi 10–21 Uhr). Sein Besuch ist ein Muss, denn es gilt als größtes deutsches Museum für Kunst und Kultur und birgt außerordentlich reiche Bestände, so auch Skulpturen von Veit Stoß und Tilman Riemenschneider, Bilder und Gemälde von Albrecht Dürer, Hans Holbein d. J. und Lukas Cranach d. Ä. sowie kunsthandwerkliche Sammlungen (Glas, Porzellan, Möbel, Hausrat u. v. m.), aber auch Waffen, Musikinstrumente und ein Kupferstichkabinett.

Über die Pfannenschmiedsgasse erreichen wir den Lorenzer Platz und damit die evangelische **St.-Lorenzkirche** (1250–1477), größte und bedeutendste Kirche Nürnbergs. Über dem figurenreichen Portal sind zwischen den beiden Türmen eine kunstvolle Rosette und ein Ziergiebel angebracht. Prunkstücke im Innern sind u. a. der »Engelsgruß« (1518), Hauptwerk des Bildschnitzers Veit Stoß, außerdem das turmartige Sakramentshaus (1496) von Adam Kraft sowie stilvolle Altäre des 15./16. Jh.

Neben der Kirche der **Tugendbrunnen** von 1589, dessen Figuren die Kardinaltugenden des Mittelalters verkörpern: Glaube, Liebe, Hoffnung, Großmut, Mäßigkeit, Geduld und als Krönung die Gerechtigkeit. Dem Brunnen gegenüber das **Nassauer Haus**, ein mittelalterlicher Wohnturm mit Türmchen und »Chörlein«, wie die vorspringenden Erker an Hausfassaden in Nürnberg heißen.

Vor der Museumsbrücke geht es links über Kaiserstraße und Obere Wörthstraße zum Unschlittplatz (siehe Karte). Wir überqueren die **Max-Brücke**, dabei fällt der Blick auf das reizvolle Ensemble an der Pegnitz mit Henkersteig, Wasserturm und **Weinstadel** (1448), Letz-

terer ein Fachwerkbau, der früher Spital war und heute Studentenwohnheim ist. Drüben folgt man der Weintraubengasse und der Karlstraße, wo das **Spielzeugmuseum** einlädt (Di–Fr 10–17, Sa/So/Fei 10–18 Uhr). Es zeigt Spielzeug des 18. bis 20. Jh. aus aller Welt, darunter Puppen, Puppenhäuser, Kaufläden, Blechspielzeug, eine Modelleisenbahnanlage und vieles mehr. Am Weinmarkt gelangen wir über eine Treppe in die Albrecht-Dürer-Straße und auf ihr zum **Tiergärtnertorplatz**, wo sich ein besonders stimmungsvolles

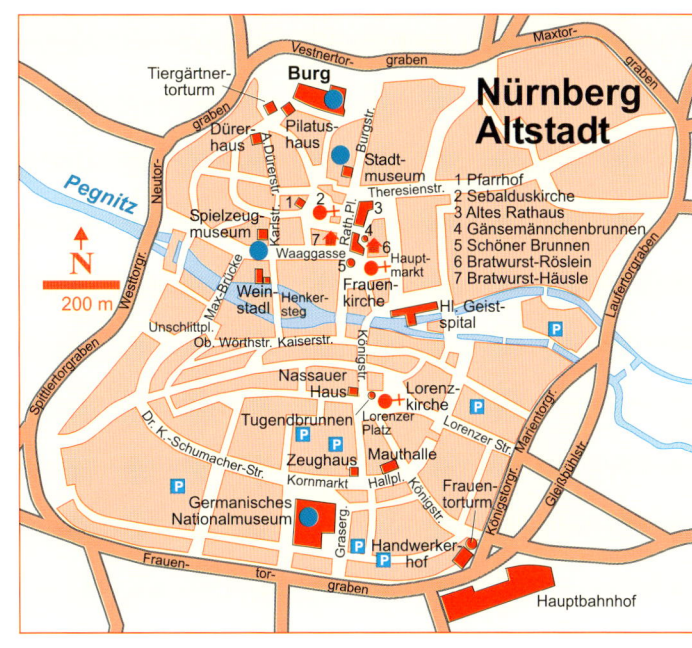

Ensemble der Sebalder Altstadt zeigt. Dort stehen, von der Kaiserburg überragt, der mächtige **Tiergärtnertorturm** aus dem 13. Jh., eingefasst von der alten Stadtmauer, sowie schöne fachwerkverzierte Bauten wie das **Pilatushaus** (1489) mit der Georgsstatue, die langgestreckte »Schranke« mit dem bekannten Wirtshaus »Schlenkerla« und das **Dürerhaus** (um 1420), in dem der weltberühmte Maler von 1509 bis 1528 gelebt hat (Di–Fr 10–17, Do 10–20, Sa/So 10–18 Uhr, im Sommer auch Mo).

Romantik pur im Vorhof der Kaiserburg. Am Heidenturm links Eingang zum Burginnenhof.

Aufgang zur Burg. Über das Tiergärtnertor und den Vestnertorgraben gelangt man zum Burgeingang. Die **Burg**, ab 1040 erbaut, war 500 Jahre lang Residenz und Tagungsort deutscher Kaiser und besteht aus drei Komplexen: der **Kaiserburg**, Restbauten der noch älteren Burggrafenburg, deren fünfeckiger Turm aus dem 11. Jh. ältestes Bauwerk Nürnbergs ist, sowie der Kaiserstallung, die früher die Pferde beherbergte. Kern der Anlage aber ist die Kaiserburg mit romanischer Doppelkapelle, Kaiser- und Rittersaal im Palas und Kaiserburg-Museum (April–Sept. täglich 9–18, im Winter 10-16 Uhr), außerdem ihre Vorburg mit dem wuchtigen Sinwellturm (12. Jh.), dem Tiefen Brunnen (50 m) und malerischen Fachwerkbauten.

Zurück zum Hauptmarkt. Von der Kaiserstallung geht es nun wieder hinunter in die Stadt. Wir folgen der Burgstraße, in der an Nr. 15 ein ansehnliches Patrizierhaus von 1596 steht, das **Fembohaus**. Es birgt das Nürnberger **Stadtmuseum** (Di–Fr 10–17, Sa/So/Fei 10–18 Uhr), das sich mit der fast 1000-jährigen Geschichte Nürnbergs befasst. Ein paar Schritte weiter sind wir am Sebalder Platz. Hier verdient neben dem **Sebalder Pfarrhof** mit seinem Chörlein vor allem die **St. Sebalduskirche** (1225–1273) unser Interesse. Ihr Mittelschiff ist spätromanisch, der Hallenchor gotisch. Blickfang im würdevollen Innenraum bilden u. a. das von Peter Vischer 1519 gestaltete Sebaldus-Grabmal mit Schrein und Messinggehäuse, außerdem Gemälde sowie zahlreiche Plastiken an Wänden und Pfeilern.

Den abschließenden Hauptakzent unseres Rundgangs setzen nun der Hauptmarkt und sein direktes Umfeld. Gegenüber der Sebalduskirche erstreckt sich der lange Bau des **Rathauses** von 1616 bis

Links: Das Fembohaus mit dem Stadtmuseum lädt ein zu einem Gang durch Nürnbergs Geschichte.

Mitte: Mit seinem wunderbaren Figurenschmuck ist der »Schöne Brunnen« (1385–1396) von Heinrich Behaim wohl in der Tat der schönste Brunnen Nürnbergs und ganz Frankens.

Rechts: Um 12 Uhr mittags erweisen hoch oben an der Frauenkirche die sieben Kurfürsten beim »Männleinlauf« Kaiser Karl IV. ihre Ehre.

1622. Mit seinen drei Portalen repräsentiert es den Übergang von der Renaissance zum Barock. In den Komplex integriert wurde das alte gotische Rathaus (1340) mit einem Großen Sitzungssaal. Im Keller des Alten Rathauses befinden sich eine Folterkammer und **Lochgefängnisse** (Führung täglich 10–16:30 Uhr, im Winter nur Mo–Fr). Nahe dem Rathaus stehen auch zwei sehenswerte **Brunnen**: der Puttenbrunnen und der Gänsemännchenbrunnen. Beide stammen aus der Mitte des 16. Jh.

Gleich darauf sind wir am **Hauptmarkt**, Herz der Stadt und Schauplatz sowohl des Wochenmarktes als auch des Christkindlmarktes. Beherrscht wird er von der **Frauenkirche** (1358) mit ihrer kunstvollen Westfassade. Es war die erste Hallenkirche Frankens. Besucher zieht sie deshalb besonders an, weil täglich um 12 Uhr an der Kunstuhr in der Fassade das »Männleinlaufen« stattfindet: Sieben Kurfürsten huldigen Kaiser Karl IV. Auf der Gegenseite des Platzes steht der sogenannte **Schöne Brunnen** (1396), eine Steinpyramide, die durch ihren reichen Figurenschmuck beeindruckt.

Bleibt noch eine letzte Seite aus dem Nürnberger Bilderbuch, nämlich der Blick von der Museumsbrücke auf das **Heilig-Geist-Spital**, dessen Querbau sich malerisch über den Pegnitzarm legt. 1331 als soziale Stiftung und als Bleibe für alte Menschen erbaut, dient es noch heute diesem Zweck. Im Innenhof des Spitals sind ein Kreuzgang und eine Kreuzigungsgruppe von Adam Kraft sehenswert.

Ein beschaulicher Platz zum Ausruhen: die Straßenterrasse des Bratwurst-Rösleins hinter dem Rathaus

Nürnberger Bratwürste: Sie sind nicht nur berühmt, sie schmecken auch wunderbar!

17 Malerische Ortsbilder rund um Nürnberg

Altfränkische Fachwerkkunst im Wettstreit mit romantischen Stadtschlössern (ca. 80 km)

Anfahrt: Mit dem Auto ab München A9, ab Augsburg B300/A9
Karte: Reisekarte Franken: ADAC-Autokarte Bayern Nord, 1 : 200.000
Information: siehe jeweils Texte

Rund um Nürnberg versammeln sich Städtchen, die durch idyllische Straßenansichten und stolze Schlösser Bewunderung hervorrufen. Wir greifen die vier Standorte Roth, Schwabach, Cadolzburg und Lauf heraus, weil sie besonders ansehnlich sind und leicht an einem Tag besichtigt werden können.

Start in Roth. Gegründet wurde der am Flüsschen Roth liegende Ort bereits um 1200, die Stadtrechte erhielt er 1361. Später befand sich das Städtchen im Besitz der Hohenzollern und fiel 1806 an Bayern. Zu seinen herausragenden Sehenswürdigkeiten gehört das Markgrafenschloss Ratibor, erbaut in den Jahren 1535 bis 1538. Die vierflügelige Anlage mit Ecktürmen ist »ein typisches Beispiel der fränkischen Renaissance« (Dehio) und beherbergt das Heimatmuseum Schloss Ratibor. Eigentümer des Schlosses ist die Stadt Roth.

Ein reizvolles altfränkisches Ortsbild gibt der Marktplatz ab. Dort steht vor dem Hintergrund malerischer Fachwerkbauten, darunter das Riffelmacherhaus um 1600, ein Brunnen von 1757, auf dessen reichgeschmückter Säule der brandenburgische Adler sitzt. Wer sich für Kirchen interessiert, sollte der Evangelischen Stadtkirche aus dem 14. Jh. oder der Katholischen Pfarrkirche (1898) einen Besuch abstatten. Beachtung verdient auch das Alte Rathaus (1759) mit einer Figur der Justitia und einem Relief mit dem Stadtwappen (Hauptstraße 14).

Information: Tel. 09171/848-513; tourismus@stadt-roth.de
Einkehr: Gasthof Goldener Schwan, Marktplatz, Straßenterrasse, Di Ruhetag

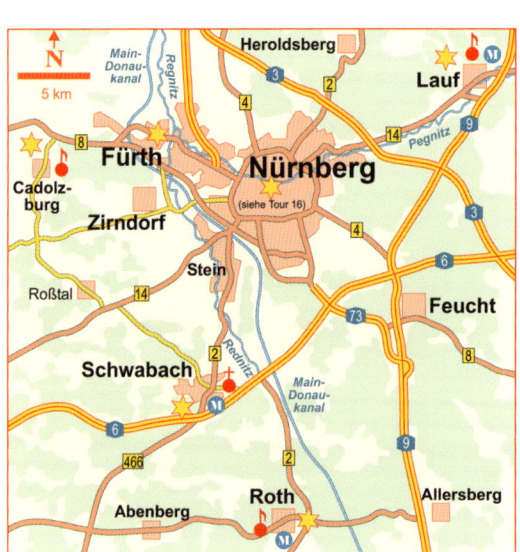

Nur ein Katzensprung bis Schwabach. Zunächst einmal begeistert in Schwabach, das 1117 erstmals erwähnt und 1375 zur Stadt erhoben wurde, das farbenfrohe Bild am Königsplatz. Aus diesem Ensemble ragen der Schöne Brunnen von 1717, dessen Obelisken ebenfalls ein Adler krönt, sowie das fachwerkgeschmückte Rathaus und dahinter der mächtige Turm der Evangelischen Pfarrkirche heraus (Bild siehe Seite 3). Letztere ist kunstgeschichtlich der Höhepunkt der Stadt. Besonders sehenswert ist der Hochaltar aus der Werkstatt von Michael Wohlgemut, dem Lehrer von Albrecht Dürer. Er wurde 1508 geschaffen und gilt als »einer der besterhaltenen und schönsten Schnitzaltäre der Spätgotik« (Dehio).

Information: Tel. 09122/860-241; tourimus@schwabach.de
Einkehr: Gasthof Goldener Stern mit Biergarten, Königsplatz 12

Zur Hohenzollernburg nach Cadolzburg. Nun steuern wir über Roßtal den Markt Cadolzburg an und widmen uns zuerst dem Ort. 1157 erstmals genannt, besitzt er im Zentrum das mit Fachwerk dekorierte Rathaus von 1670 und eine Reihe sehenswerter Häuser, so die beiden Gasthäuser Bub und Grüner Baum, beide aus dem 17. Jh. Auch die Stadtmauer mit dem Torturm verdient Interesse.

Stimmungsvolle Atmosphäre am Marktplatz in Roth. Rechts der Brunnen mit dekorierter Säule und Adler, links davon zwei malerische Fachwerkhäuser, von denen das rechte, das Riffelmacherhaus, das schönste Haus der Stadt ist

Schloss Ratibor in Roth, hier zu sehen mit dem dreigeschossigen Hauptbau und Teilen des Schlossparks

Romantische Ansicht der Hauptburg der Schlossanlage in Cadolzburg, manchmal auch schönste Burg Frankens genannt. Umgeben ist sie von einer bis zu 15 m hohen staufischen Ringmauer.

Der Torturm der Vorburg in Cadolzburg mit Blick auf die ersten Häuser des Marktes. Franken wie aus dem Bilderbuch!

Vorzeigeobjekt Nummer 1 aber ist und bleibt die Cadolzburg, die sich in eine Haupt- und eine Vorburg aufteilt. Auch die Burg wird 1157 erstmals in einer Urkunde erwähnt, um 1200 gelangt sie in den Besitz der Hohenzollern. Nach Georg Dehio ist sie ein »gutes Beispiel einer mittelalterlichen Dynastenburg, von stattlicher Größe und Geschlossenheit, in ihrer Lage auf einem Felsplateau von seltener monumentaler Wucht«. 1945 bis auf die Außenmauern zerstört, wird sie ab 1982 rund 25 Jahre lang wieder aufgebaut. Besichtigungen der alten Burganlage mit Vor- und Kernburg, Wehrgang, Burgkapelle, Pferdeschwemme sowie Burggarten und Folterturm sind im Rahmen von Führungen möglich.

Information (im Rathaus): Tel. 09103/509-0; www.cadolzburg.de
Einkehr: Gasthaus Weinländer, Marktplatz 13, So/Fei Ruhetage

Endstation Lauf an der Pegnitz. Nachdem man etwas umständlich durch nördliche Außenbezirke von Nürnberg das 1355 mit Stadtrecht ausgestattete Lauf erreicht hat, empfiehlt sich erst einmal ein Bummel über den breiten Straßenmarkt. Dort fällt nicht nur das wirkungsvoll in der Marktmitte postierte freistehende Rathaus (nach

1553) ins Auge, sondern auch ansehnliche Häuser meist aus dem 18./19. Jh., die auch noch in Nebengassen zu entdecken sind. Ein altfränkisch anmutendes Bild bietet sich am Ostende des Marktes mit dem Hersbrucker Tor, einem dreigeschossigen quadratischen Turm von 1476, zu dessen Füßen Straßenterrassen zur Einkehr einladen.

Eine der schönsten Ortsbilder in Lauf an der Pegnitz: das Obere oder Hersbrucker Tor am Ostende des Straßenmarktes

Wenn man auf der Johannisstraße zur Pegnitz geht und den Fluss überquert, steht man vor der Laufer Kaiserburg auf der Pegnitzinsel. Die Anlage war früher kaiserliche Residenz, später Pflegeschloss der Reichsstadt Nürnberg und gilt nach Dehio in ihrer mächtigen und zugleich malerischen Erscheinung als gutes Beispiel kaiserlicher Wehrbaukunst des 14. Jh. Die Ost- und Nordflanke der unregelmäßigen Anlage bilden Wohngebäude, im Süden ragt die Wehrmauer mit Torturm hoch und die Westspitze wird vom ehemaligen Bergfried eingenommen. Innenbesichtigungen des Schlosses sind nicht möglich.

Die Kaiserburg auf der Pegnitzinsel in Lauf. Heute ist in der Burg eine Außenstelle der Akademie der Bildenden Künste Nürnberg untergebracht.

Information: Tel. 09123/98 82 35; www.buergertreff-lauf.de (Hellergasse 2)
Einkehr: Weißes Lamm, Marktplatz 19, Straßenterrasse, Do Ruhetag; Markt-Café, Marktplatz 8, Straßenterrasse

18 Stille Runde in der Hersbrucker Alb

Rundgang in Hersbruck und Radtour
durch Pegnitz- und Hirschbachtal (ca. 37 km)

Anfahrt: Mit dem Auto ab München A 9, ab Augsburg B 300/A 9. Mit der Bahn von München/Augsburg aus regelmäßige Verbindungen nach Hersbruck; Radtransport nur im »Bayerntakt«, dann bisweilen längere Fahrzeiten
Karten: Reisekarte Franken: ADAC-Autokarte Bayern Nord, 1:200 000;
Radtour Hersbruck: Topografische Karte UK 50-18 Nürnberger Land–Frankenalb, 1:50 000
Information: Frankenalb, Lauf an der Pegnitz, Tel.: 09123/950 254; www.frankenalb.de

Die Hersbrucker Alb ist Teil der Frankenalb, besitzt also Mittelgebirgscharakter. Das bekommt man auch bei dieser Radtour zu spüren. Sie läuft ab Hersbruck ein Stück im Pegnitztal nach Norden, überwindet dann einen steigungsintensiven Höhenzug und führt schließlich im reizvollen Hirschbachtal wieder zurück.

Ausgangspunkt Hersbruck. Hersbruck ist eine ländliche und sympathische Kleinstadt, die auf eine rund 1000-jährige Geschichte zurückblicken kann. Ein kurzer Rundgang führt uns zu den wichtigsten Punkten. In der **Evangelischen Pfarrkirche** mit älteren Teilen (13./14. Jh.) und Langhaus von 1738 ist das Prunkstück ein spätgotischer Flügelaltar um 1490, der als Hauptwerk fränkischer Kunst dieser Ära gilt. Sehenswert sind auch die **Spitalkirche** St. Elisabeth, ebenfalls mit mittelalterlichen Flügelaltären, darunter der Elisabethaltar (Kreuzaltar), sowie das ehemalige **Pflegeschloss** mit drei Flügeln, das 1517 neu erbaut wurde. Das Deutsche **Hirtenmuseum**, (Mi–So 10–16 Uhr) zeigt einschlägige Sammlungen. Müde Glieder kann man nach der Radtour im über 30 Grad war-

Der heimelige Obere Markt in Hersbruck mit Giebelhäusern, einladenden Straßenterrassen und dem zentralen Rathaus

men Wasser der **Frankenalb-Therme** (Badstr. 20, täglich geöffnet) entspannen.

Das ehemalige Schloss des Nürnberger Pflegers, heute Finanzamt

Information: Tel.: 09151/73 54 01; www.hersbruck.de
Einkehr: Restaurant Café Bauer, Martin-Luther-Str. 16; Schwarzer Adler, Martin-Luther-Str. 26, Terrasse (Do bis Fr Mittag Ruhetage)

Radeln an der Pegnitz. Erster Schritt ist, vom **Oberen Markt** an die Nordseite der Bahnlinie zu gelangen. Dazu bieten sich ab der Grabenstraße drei Wege an. Dann geht es ab Gartenstraße konsequent an den Gleisen entlang nach Osten hinaus. Bei Kilometer 2,8 queren wir Straße und Bahn und radeln nun mit Blicken auf das Pegnitztal erst an der Südseite den Gleisen, später am Pegnitzufer entlang. Auf stillen Wegen passiert man Hohenstadt, durchfährt einen parkartigen Wiesengrund mit reizvoller Aussicht und gelangt bei

Links: Schrein des kunstgeschichtlich bedeutenden spätgotischen Flügelaltars (um 1490) in der Stadtkirche von Hersbruck mit der Muttergottes und den vier Kirchenvätern

Rechts: Radlergruppe im anmutigen Tal der Pegnitz bei Vorra

Kilometer 7 an die Pegnitzbrücke in **Eschenbach**. Wir überqueren sie und biegen gleich danach links ab (Radschild), bleiben also entlang von Pegnitz und Bahn. Es folgen einige Buckel, verbunden mit schönen Talblicken, dann geht es wieder hinunter in den Talgrund und weiter bis an den Ostrand von **Alfalter** (km 9). War die bisherige Strecke schon angenehm zu fahren, werden die nächsten 6 km an der Pegnitz zum Genussradeln: verkehrsfreie Radwege, parkartige Flusslandschaft und schöne Ausblicke! Zunächst fährt man an Düsselbach vorbei, wechselt in **Vorra** das Ufer und kommt zwischen Bahn und Pegnitz zum Schloss **Artelshofen** (km 14,5). Wir fahren dort über die Brücke, drüben in die Zufahrtsstraße zum Dorf (also nicht auf der Staatsstraße 2162) und durchqueren den Ort in ganzer Länge. Am Ende zweigt eine Straße nach Großmeinfeld ab.

Über die Hersbrucker Alb. Nun fordert die Alb ihren Tribut! Fast 2 km muss man hinauf, davon sind für Normalradler wohl 1,5 km Schiebestrecke. Blick für die Schönheit der Mittelgebirgslandschaft hat man da nicht unbedingt. Wir passieren Groß- und biegen wenig später rechts nach **Kleinmeinfeld** (km 20) ab, wo wir dem Schild Richtung Loch folgen und uns danach wieder am Anblick der sanft gewellten Hochebene erfreuen. In Loch halten wir uns am Ortseingang links und steuern nun

Parklandschaft Pegnitztal bei Alfalter, Schauplatz unserer Radtour entlang der Pegnitz

Ein Ruhepol für Auge und Sinn: die beschauliche Landschaft der Hersbrucker Schweiz bei Kleinmeinfeld

auf einem schönen asphaltierten Radsträßchen in genussvoller Abfahrt hinunter ins Hirschbachtal (Km 25). Ehrlicherweise muss man sagen, dass Hirschbach nicht mehr fränkisch ist, sondern zur Oberpfalz gehört. Aber dieser kleine Ausreißer tut der fränkischen Sache keinen Abbruch.

Im Hirschbachtal zurück. Das Gröbste haben wir hinter uns. Nach einer kurzen Stärkung im Gasthaus »Goldener Hirsch« am Dorfplatz, geht es mit Westkurs auf verkehrsarmer Straße nach **Fischbrunn** und 300 m nach dem Dorf links auf ein asphaltiertes Radsträßchen, das uns nach **Eschenbach** (Km 30) bringt. Vor allem dieser letzte Abschnitt verläuft durch anmutige Tallandschaft mit schönen Ausblicken. Ab Eschenbach ist die Strecke bereits bekannt und wir kehren in beschaulicher Fahrt und mit neuem Blickwinkel nach Hersbruck zurück.

Am gleichnamigen Bach versteckt eingebettet ist das verträumt wirkende Dorf Hirschbach, Wendepunkt unserer Radtour.

»Klein-Venedig« in Bamberg

Oberfränkische Attraktionen

Glanzvolle Anziehungspunkte in herber Region

19 Im Naturpark Fränkische Schweiz

Höhepunkte im Herzen der Fränkischen Schweiz mit Radtour (ca. 29 km) über die Alb (Auto-km ca. 150)

Autoanfahrt: Ab München/Nürnberg A9 bis AS Pegnitz; ab Augsburg B300/A9
Karten: Reisekarte Franken: ADAC-Autokarte Bayern Nord, 1 : 200.000;
Radtour Tüchersfeld: Kompass Wander- und Radkarte Nr. 171 Fränkische Schweiz 1:50.000
Information: Fränkische Schweiz: Tel. 09191/86-1054; www.fraenkische-schweiz.com

Spektakuläre Felstürme, schaurig-schöne Höhlen, stolze Burgen und verträumte Täler und nicht zuletzt schmucke Ortsbilder: Das und noch mehr steht auf dem Programm dieses Ausflugs. Mit eingeschlossen ist eine Radtour über das Hügelgelände nördlich von Pottenstein, steigungsbetont aber geprägt von wohltuender Stille und Beschaulichkeit.

Rundgang in Gößweinstein. Zunächst richten wir unser Augenmerk auf zwei markante Bauten: zum einen auf die malerische **Burg**, die über der Stadt thront. Gegründet im 11. Jh., zeigt sie heute ein Aussehen, das im 16. Jh. durch Neubau und im 18. Jh. durch romantisierende Umgestaltung entstanden ist. Wichtige Gebäude der Festung sind der Zwinger, das Hauptgebäude mit Vorbau und Turm und die Burgkapelle mit spätgotischen Holzfiguren. Frappierend ist die Aussicht von oben auf die Stadt und ins Land!

Das Stadtzentrum wird dagegen von der **Pfarr- und Wallfahrtskirche** zur Heiligsten Dreifaltigkeit dominiert, Wahrzeichen des Marktes. Eine Vorgängerkirche soll es schon 1240 gegeben haben, die bestehende Kirche aber hat der weltberühmte Architekt Balthasar Neumann 1739 erbaut. Sie ist »nach Münsterschwarzach der zweite monumentale Sakralbau Neumanns« (Georg De-

Das Aushängeschild von Gößweinstein: die Fassade der Wallfahrtsbasilika mit den Doppeltürmen, rechts daneben das Pfarramt

hio). Wirkt schon die stolz aufragende doppeltürmige Barockfassade imposant, nimmt uns im Innern eine qualitätsvolle Ausstattung ganz und gar gefangen. Die Stuckaturen und Deckenfresken sind bemerkenswert, des Weiteren der figurenreiche Hochaltar mit Gnadenbild, das alljährlich unzählige, auf Heilung und Kraft hoffende Wallfahrer anzieht. Auch die Seitenaltäre und die Altäre in den Langhauskapellen wurden kunstvoll gestaltet. Sehenswert sind schließlich auch die Kanzel, ein Taufstein und der Orgelprospekt.

Information: Tel.: 09242/456; www.goessweinstein.de
Einkehr: Hotel-Gasthof Stern, Pezoldstr. 5, Straßenterrasse; Scheffel-Gasthof, Balthasar-Neumann-Str. 6, Garten (Mo Ruhetag)

Eine Ruine und eine Höhle in Streitberg. Wir fahren auf der B 470 durch das reizvolle Wiesenttal nach Westen in den Markt Wiesenttal mit seinen beiden Luftkurorten Muggendorf und Streitberg. Auf Höhe von Streitberg grüßt von einem Felskegel die **Ruine Neideck** herunter. 1313 erstmals erwähnt, wurde die Burg 1553 so stark zerstört, dass sie nicht mehr aufgebaut werden konnte. Was man heute sieht, ist der abgerundete Wohnturm mit Resten der Wehrmauer.

An einem Steilhang oberhalb von Streitberg lädt die **Binghöhle** zu einem Besuch ein. Als grösste Galerietropfsteinhöhle Deutschlands präsentiert sie phantastische Tropfsteingebilde. Sie wurde 1905 entdeckt, weist eine Länge von rund 400 m auf und ist nur im Rahmen einer Führung zu besichtigen. Im Übrigen kann man mit dem Auto ein Stück hochfahren und hat dann nur noch einen kurzen Fußweg zum Eingang.

Bild oben: Diese Bilderbuchkulisse in Gößweinstein mit der stolzen Burg über den Dächern zeigt sich, wenn man sein Frühstück auf der Terrasse des Hotel-Gasthofs Stern einnimmt.

Bild oben links: Sie fällt schon von Weitem ins Auge: die Ruine Neideck gegenüber dem Dorf Streitberg.

Bild unten: Blick in die Bing-Höhle oberhalb von Streitberg. Die Riesensäule wird auf ein Alter von ca. 5 Millionen Jahren geschätzt.

Im Herzen des Naturparks. Die folgende Rundfahrt zeigt den landschaftlichen Reiz der Fränkischen Schweiz und ihre kulturelle Vielfalt. Als Erstes fahren wir von Streitberg über Wüstenstein nach **Aufseß**. Das Dorf wirbt nicht nur mit der weltweit grössten Braureidichte nach Einwohnern, sondern auch mit seiner fotogenen Burg Unteraufseß, die auf das 11. Jh. zurückgeht und zu den ältesten Anlagen Oberfrankens zählt. Sie ist noch heute Stammsitz des Geschlechts von Aufseß. Eine gemeinsame Mauer umschließt einen mittelalterlichen Bergfried und ein neues Schloss daneben. Besichtigt werden kann die Burg nur im Rahmen von Führungen.

Wir setzen die Rundfahrt fort und gelangen über Hochstahl und Breitenlesau nach **Waischenfeld**, wo wir das fränkische Ortsbild bewundern und uns dann zu entscheiden haben, ob wir weiter über Langenloh ins **Ailsbachtal** fahren, wo die **Burg Rabenstein**

Burg Unteraufseß mit dem mittelalterlichen Bergfried links und dem Neuen Schloss rechts davon

Hauptattraktion ist, oder ob wir weiter dem **Wiesenttal** folgen, vorbei an **Burg Rabeneck** bis nach Doos. Dort bietet sich eine schöne Wanderung ins **Aufseßtal** zur Kuchenmühle an.

Burg Rabenstein über dem Ailsbachtal zählt zu den optisch imposantesten Anlagen ganz Oberfrankens. Ihre Geschichte beginnt im frühen Mittelalter, später folgten Zerstörung und Großbrand und danach jeweils Wiederaufbau. Heute ist die Burg als Tagungshotel ausgebaut. Die Prunksäle der Burg können besichtigt werden und einkehren kann man in die Gutsschenke mit Biergarten. Neben der Burg

Malerisch thront die Burg Rabenstein über dem Tal des Ailsbach.

gibt es eine Falknerei und etwas weiter weg die Sophienhöhle. 3 km Luftlinie westlich von Rabenstein thront über dem Wiesenttal die **Burg Rabeneck**. Älteste Mauerreste stammen aus dem 12./13. Jh., letzte Umbauten erfolgten nach 1980. Die Burg befindet sich in Privatbesitz, kann aber besichtigt werden.

Ab Doos zieht sich das **Aufseßtal** nach Nordwesten und besticht durch eine besonders anmutige Tallandschaft. Empfohlen wird, etwa 2 km in das Tal zu wandern und in der Kuchenmühle einzukehren.

Ob nun Ailsbach- oder Wiesenttal, letztendlich landen wir in **Behringersmühle**, wo die Wiesent markant nach Westen abknickt, wir aber nach Osten ins Püttlachtal rund 3 km bis Tüchersfeld weiterfahren.

Radtour über die Alb-Höhen. Nachdem wir bisher die Fränkische Schweiz nur per Auto kennengelernt haben, schwingen wir uns in Tüchersfeld in den Sattel und starten eine Radtour über die Hügellandschaft der Fränkischen Alb.

Bild unten links: Neben Radeln und Wandern kann man im Wie-senttal auch eine Paddeltour un-ternehmen, wie hier zwischen Waischenfeld und Doos.

Bild unten rechts: Ein Tal von besonderer landschaftlicher Schönheit ist das Aufseßtal, wo man in parkartiger Umgebung auch mal Pause machen kann.

Zunächst aber bestaunen wir die Kulisse in **Tüchersfeld**. Direkt über den Häusern ragt eine riesige Felsburg mit Steinsäulen und übereinander geschichteten Quadern in den Himmel, und am Sockel des Massivs klebt malerisch eine fachwerkverzierte Gebäudegruppe. Dieses Fotomotiv gehört zu den beliebtesten der Fränkischen Schweiz. Im Mittelalter standen dort einmal zwei Burgen, die ihre Zeit jedoch nicht überdauert haben. Die hoch gelegenen Gebäude sind im Übrigen auch Sitz des »Fränkische-Schweiz-Museum« (Sommer: Di–So 10–17 Uhr), das über dieses Land »der Burgen, Höhlen und Mühlen« alles Wissenswerte bereithält.

Reißen wir uns los von diesem faszinierenden Anblick und starten die Radtour. Auf eine genaue Beschreibung der Strecke wird verzichtet, weil die Routenführung eindeutig aus der Karte zu ersehen ist. Einstellen muss man sich allerdings auf eine Reihe leichter bis mäßiger Steigungen, die bis Hohenmirsberg zu bewältigen sind. Dafür begegnet man viel landschaftlichem Reiz, besonders im Hochtal nördlich von Tüchersfeld, im Tal 1 km östlich von Pfaffenberg, auf der **Ho-**

114

henmirsberger Platte** sowie im Püttlachtal südlich von Püttlach. Im Übrigen sind sämtliche Sträßchen der Route kaum befahren oder ganz verkehrsfrei.

Hier ein paar Informationen zu den Hauptstationen der Route: Besuchenswert ist das Geozentrum der Hohenmirsberger Platte. Dort gibt es einen 22 m hohen Turm mit Aussicht auf die Frankenalb, außerdem einen Geologie-Info-Pavillon, einen Fossilklopfplatz (Öffnung unter Tel. 09243/ 70841) und einen 5 km langen Geopfad.

Wenn man von Püttlach aus das anmutige Püttlachtal durchfahren hat, gelangt man nach **Pottenstein**. Das von Resten einer Stadtmauer bewehrte und von bizarren Felsformationen und Höhlensystemen umgebene Städtchen zählt zu den bekanntesten und beliebtesten Ausflugs- und Urlaubszielen der Fränkischen Schweiz. Über seinen Dächern thront die um 1100 gegründete **Burg**, in der 1228 bis 1229 auch die Landgräfin Elisabeth von Thüringen, eine bis heute verehrte Heilige der Katholischen Kirche, Zuflucht gesucht hat. Die Anlage stammt in wesentlichen Teilen aus dem Spätmittelalter und befindet sich heute in Privatbesitz. Dennoch sind Besichtigungen (Burgmuseum) möglich.

Das Städtchen selbst erhielt im 14. Jh. die Stadtrechte und zeigt trotz eines verheerenden Brandes 1736 ein ansprechendes **Ortsbild**. In

Bild linke Seite: Tüchersfeld im Püttlachtal zählt mit seiner pittoresken Felsenburg und den Fachwerkhäusern zu ihren Füßen zu einer der meistbestaunten Sehenswürdigkeiten der Fränkischen Schweiz

Bild unten: am Fossilklopfplatz im Geopark der Hohenmirsberger Platte, einem der ausgiebigsten Fundstätten von Fossilien des weißen Jura (Homepage Pottenstein)

Bild ganz unten: Das anmutige Püttlachtal nahe der Ortschaft Püttlach ist eine ideale Radlgegend: verträumt und beschaulich und kaum Verkehr.

Ein letzter Blick auf Stadt und Burg Pottenstein bei der Ausfahrt auf dem Bayreuther Berg Richtung Tüchersfeld

der Hauptstraße reihen sich malerische Fachwerkfassaden, dort stehen auch die Pfarrkirche St. Bartholomäus (Schnitzwerke), ein Brunnen und mehrere Gasthäuser.

Information: Tel.: 09243/708 41/42; www.pottenstein.de
Einkehr: Gasthof Goldene Krone, Marktplatz 2, Terrasse und Biergarten; Brauerei-Gasthof Hufeisen, Hauptstr. 36–38, Biergarten (Mo Ruhetag)

Pottenstein ist mit der beliebteste Ferienort in der Fränkischen Schweiz. Dazu trägt auch das reizvolle altfränkische Ortsbild mit den giebelständigen und fachwerkverzierten Hausfassaden in der Hauptstraße bei.

Finale in der Teufelshöhle. Nachdem wir die Radtour hinter uns haben, wechseln wir wieder zum Auto und fahren auf der B 470 ca. 7 km nach Osten zur **Teufelshöhle**. Sie ist die bekannteste und größte der rund 1000 Höhlen der Fränkischen Schweiz. Entstanden sein soll sie in den vergangenen 2,5 Millionen Jahren. Sie liegt zirka 2 km südlich von Pottenstein an der B 470 und ist eine Schauhöhle, kann also mit Führung besucht werden (April–Nov. täglich 9–17 Uhr). Passiert werden dabei auf zirka 1,5 km Länge **Stollengänge und Felshallen** wie der Kuppelsaal (9 m hoch), der Barbarossadom (Länge 25 m, Breite 18 m, Höhe 18 m) und der Riesensaal (Länge 30 m, Breite 16 m, Höhe 13 m), der größte der Teufelshöhle. Beeindruckend sind auch die Jahrtausende alten **Tropfsteingebilde**, die Namen erhalten haben wie Papstkrone, Kaiser Barbarossa oder Riese Goliath. Zudem wurden in der Höhle **Knochenreste** urzeitlicher Tiere gefunden. Bekanntestes Beispiel ist ein Höhlenbär in der gleichnamigen Höhle, der aus verschiedenen Knochenfunden zusammengesetzt wurde.

Wie der Schlund eines Urzeitmonsters öffnet sich der Eingang zur Teufelshöhle, wo es hinein geht in eine mystische Welt.

Ein letzter Blick auf die Burg Pottenstein von Osten her und ein würdiges Abschlussbild des Ausflugs in die Fränkische Schweiz

20 Besuch auf Schloss Pommersfelden

Radtour ab Hirschaid entlang der Reichen Ebrach
nach Pommersfelden und zurück (ca. 40 km)

Anfahrt: Mit dem Auto ab
München A 9/A 3/A 73; ab
Augsburg B 2/A 73.
Mit der Bahn regelmäßige Ver-
bindungen von München und
Augsburg nach Hirschaid;
mit Radtransport längere Fahr-
zeiten
Karten: Reisekarte Franken:
ADAC-Autokarte Bayern Nord,
1:200 000;
Radtour Pommersfelden:
Topografische Karte UK C 2
Nürnberg und Umgebung,
1:100 000
Information: Steigerwald,
Scheinfeld:
Tel.: 09162/124 24;
www.steigerwald-info.de

**Ein prunkvolles Barockschloss und landschaftlich reiz-
volle Flusstäler sind Schauplätze der heutigen Radtour.
Nach Pommersfelden geht es an der Reichen Ebrach auf
einem fahrradfreundlichen Sträßchen, zurück zur Abwechslung durch das Aischtal über Hallerndorf.**

Hinfahrt an der Reichen Ebrach. Wir radeln vom Zentrum in Hirschaid auf der Luitpoldstraße zur Kanalbrücke und auf dem Radweg über den Kanal. Nach weiteren 200 m kommt man links durch
eine Unterführung und in einem Linksbogen hoch auf den Radweg der Staatsstraße 2260, der auf der linken Seite nach Westen hi-
nausführt. Die Rad- und Hinweisschilder, soweit vorhanden, lau-
ten auf Pommersfelden. Ungefähr bei Kilometer 2 geht es rechts
unter der Staatsstraße hindurch nach **Köttmannsdorf** und weiter
durch den Ort den Schildern nach zur Kirche in **Erlach.** Hier beginnt das schöne asphaltierte Radsträßchen, das uns an der Reichen Ebrach entlang über **Röbersdorf** (Hotel-Gasthof Wurm, Biergarten, Mo Ruhetag), Schlüsselau, **Ellersdorf** und Wind nach

Schloss Weißenstein in Pommersfelden von der Gartenseite her
betrachtet. Im Bild auch Teile der
Ausstellung »Faszination Garten«
vom Mai 2008, wo u. a. Pflan-
zen, Gartenmöbel und Pflanz-
gefäße gekauft werden konnten

Pommersfelden leitet. Die Wegmarkierung ist vorbildlich und der Kurs nicht zu verfehlen. Landschaftlich zeigt sich ein breit ausladendes flaches Tal mit Wiesen und Feldern, das durchschnitten ist von schmalen Auenwaldstreifen beiderseits der Reichen Ebrach und seine Farbtupfer von den verstreuten Dörfern erhält. Nach 16 geradelten Kilometern stehen wir am Eingang des **Pommersfelder Schlosses**.

Bei der Fahrt im Tal der Reichen Ebrach ziehen auch verträumte Dörfer und Weiler vorbei, wie hier Röbersdorf mit der Kirche St. Veit.

Schloss Weißenstein in Pommersfelden. Erbaut wurde das Schloss 1711 bis 1718 für Lothar Franz von Schönborn. Es gilt heute als Prachtexemplar fränkischen Barocks. Um einen Ehrenhof grup-

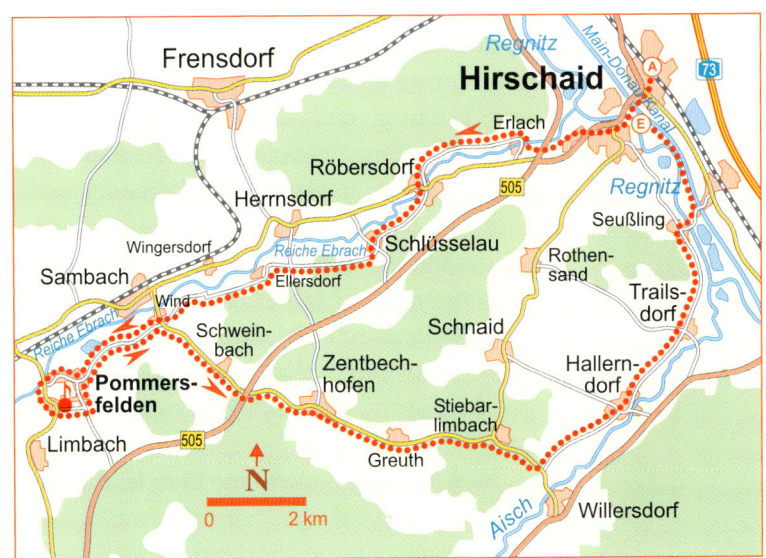

Das glanzvolle Barockschloss Weißenstein in Pommersfelden: hier der zentrale Flügel mit dem vorgestellten und säulenverzierten Mittelbau, davor der Ehrenhof mit Rasen- und Blumenschmuck

pieren sich der markante **Hauptbau** mit drei Flügeln, dessen zentraler einen repräsentativ vorspringenden Mittelbau aufweist, und gegenüber der **Marstall** in Hufeisenform. An den Seiten des Hauptkomplexes schließen sich Nebengebäude an (Orangerie, Fasanerie, Gasthof, Brauerei), auf der Nordseite breitet sich der **Schlossgarten** im Stil eines englischen Parks aus.

Das Schloss kann im Rahmen von Führungen besichtigt werden (April–Okt. täglich 10–17 Uhr jeweils zur vollen Stunde). Glanzpunkte im Innern sind u. a. das **Treppenhaus**, eine zweiläufige Prachtstiege mit reizvollen Durchblicken und riesigem Deckenfresko darüber, des Weiteren der **Marmorsaal**, ein mit Wandsäulen, Stuck und Fresken geschmückter Festsaal, außerdem die **Privaträume** des Kurfürsten mit prunkvollen Möbeln und das **Spiegelkabinett** mit kostbarer Täfelung und eingelegtem Fußboden.

Nach Süden hin schließt der hufeisenförmige Marstall (1718) den Ehrenhof des Schlosses Weißenstein ab.

Besondere Achtung verdienen auch die **Sala Terrena**, ein unter dem Marmorsaal liegender und als Grotte gestalteter Gartensaal, sowie die große **Gemäldesammlung** des Schlosses im Ostflügel. Erwähnenswert sind schließlich noch die Konzerte des **Collegium Musicum**, die alljährlich im Juli und August im Schloss stattfinden und von jungen Musikern aus aller Welt bestritten werden.

Die Schlossführung dauert eine Stunde, danach kann man sich auf der Sommerterrasse der Schlossgaststätte für die Rückfahrt stärken.

Zurück durch den Aischgrund. An der Süd- und Ostmauer des Schlosses entlang verlassen wir über die Straße Am Steinbruch Pommersfelden wieder und radeln auf bekannter Strecke nach Osten hinaus. Auf Höhe des Weilers Wind kann man wählen: Entweder fährt man auf dem bereits vom Herweg bekannten Sträßchen nach Hirschaid zurück oder man steuert das Aischtal an und tritt von dort die Heimreise an.

Entscheidet man sich für die Aischroute, geht es in Wind bei Kilometer 20 rechts ab und in aussichtsreichem Bauernland über Schweinbach bis **Zentbechhofen**. Bei meist schwachem Verkehr setzt man dort die Fahrt in Richtung Greuth fort und gelangt schließlich nach Stiebarlimbach. Knapp 1 km weiter und ein paar Hundert Meter vor der Aisch zweigt direkt am Ende eines Waldstücks links ein Sträßchen ab und führt nach rund 2 km in die Ortschaft **Hallerndorf**. Man durchquert sie geradlinig, passiert bei stellenweise schönen Ausblicken auf die Aischauen noch Trailsdorf (km 34) und biegt dann in **Seußling** rechts ab in Richtung Regnitzbrücke und Aischtalradweg. Nach Querung der Regnitz mündet diese Route in den Dammweg am Westufer des **Main-Donau-Kanals** ein, auf dem man mit Genuss und weiten Ausblicken an die Kanalbrücke von Hirschaid und über sie in das Dorf zurückgelangt.

Information: Hirschaid, Tel.: 09543/82 25-0; www.hirschaid.de

Die feine englische Art: Erholungspause in dem nach englischem Vorbild angelegten Schlosspark Weißenstein

Eine besondere Genussstrecke zum Abschluss der Radtour: Die letzten Kilometer fahren wir auf dem Damm des Main-Donau-Kanals mit weiten Ausblicken über das Land.

21 Bamberg – Juwel der Weltkultur

Kunstschätze und Frankenidylle unter der Obhut der UNESCO

Anfahrt: Mit dem Auto ab München A 9/A 3/A 73; ab Nürnberg A 3/A 73; ab Augsburg B 300 und dann wie München. Mit der Bahn zahlreiche regelmäßige Verbindungen aus allen Richtungen

Karten: Reisekarte Franken: ADAC-Autokarte Bayern Nord, 1:200 000; Detailkarte Bamberg: Topografische Karte UK 50-3 Oberes Maintal Coburger Land, 1:50 000; Stadtplan Bamberg

Information: Tourismus & Kongreß Service Bamberg, Geyerswörthstr. 3, Tel.: 0951/297 62 00; www.bamberg.de

Rechte Seite: ein verlockender Platz mit Blick auf das freskengeschmückte Rathaus. Hier kann man sich gut auf den Rundgang vorbereiten oder ihn danach nochmal nachvollziehen.

Bamberg besitzt den »größten unversehrt erhaltenen historischen Stadtkern in Deutschland«. Kein Wunder also, dass es ins Weltkulturerbe der UNESCO aufgenommen wurde. Die Kaiser- und Bischofsstadt ist reich an Bauten und Kunstschätzen aller Stilepochen und besitzt zudem eine ungemein malerische Altstadt mit viel Fachwerk und romantischen Ansichten.

Abriss der Geschichte. Bamberg ist weit über 1000 Jahre alt. Im 10. Jh. regierte das Grafengeschlecht der Babenberger, das anstelle des Kaiserdoms eine Burg besaß und der Stadt ihren Namen gab. 1007 gründete der spätere Kaiser Heinrich II. das Bistum und machte so seinen Lieblingsort Bamberg zum Reichszentrum. Noch heute begegnet man in der Stadt dem Kaiser und seiner Gemahlin Kunigunde auf Schritt und Tritt. Die Weihe des Doms, wie er heute zu sehen ist, erfolgte 1237. Im 15. Jh. folgte eine Blüte der Kunst, die Stadt wurde Hochburg des Humanismus. Dunkle Zeiten erlebte sie im Bauern- und im 30-jährigen Krieg, blieb aber von totaler Zerstörung verschont. Unter den Bischöfen von Schönborn erholt sich die Stadt ab dem Ende des 17. Jh. wieder. Es entstanden die Neue Residenz und viele andere Bauten. Die Schicksalsstunde für das selbstständige Hochstift schlug 1802: Bamberg wurde von bayerischen Truppen besetzt und von Bayern vereinnahmt. Die beiden

Blick von Schloss Geyerswörth über das herbstliche Bamberg: vorne rechts das Alte Rathaus, im Mittelgrund auf den »sieben Hügeln« Residenz und Kaiserdom und hinten Kloster und Kirche St. Michael

Weltkriege überstand Bamberg unbeschadet, die Altstadt wurde am 11.12.1993 Weltkulturgut der UNESCO.

Rundgang durch die Altstadt. Etwa 2000 Einzeldenkmäler kann Bamberg vorweisen, was klar macht, dass ein halbtägiger Rundgang nur das Allerwichtigste erfassen kann. Versuchen wir es!

Vom Bahnhof ausgehend, kommen wir über Luitpold-, Obere Königs- und Kettenbrückstraße zur Kettenbrücke (siehe Karte) und weiter in gerader Linie zum **Maximiliansplatz**, dem größten Platz der Innenstadt. Hier fällt vor allem die langgestreckte, von Balthasar Neumann erbaute Barockfassade des heutigen Rathauses auf, aber auch der Brunnen gegenüber mit dem Standbild des bayerischen Königs Max I. Joseph. Nach Süden hin schließt der **Grüne Markt** an, wo Blumen und Obst feilgeboten werden, wo aber auch der Neptunsbrunnen und die barocke **Martinskirche** stehen, in der u. a. die Scheinkuppel und eine Muttergottes sehenswert sind.

Wir setzen unseren Weg in Südrichtung fort, überqueren den Obstmarkt und gehen die Obere Brücke hinauf. Dort erwartet uns ein erster Höhepunkt: das mit Fachwerk und Fresken dekorierte **Alte Brü-**

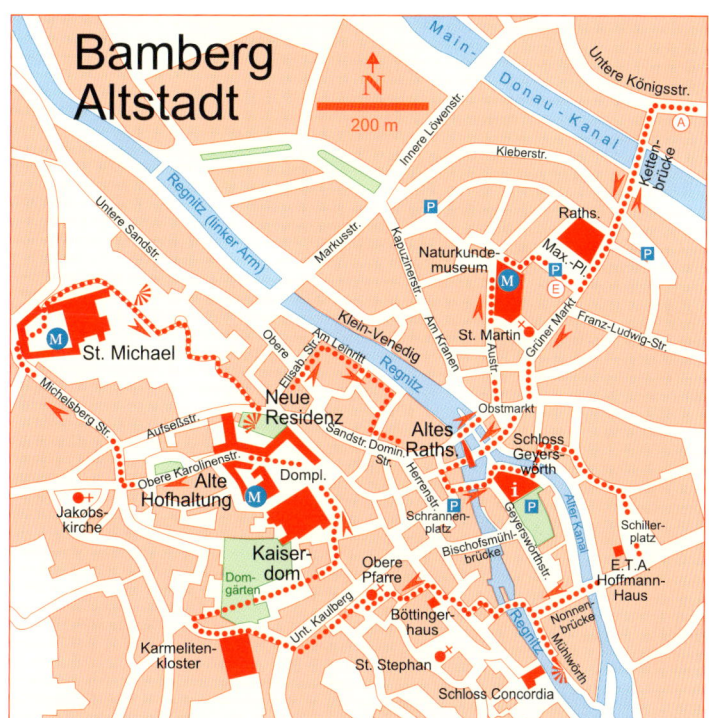

Herz der Bamberger Altstadt ist das historische Brückenrathaus mit Fachwerkbau und barock umgestaltetem Trakt.

ckenrathaus, ein Wahrzeichen Bambergs und wohl beliebtestes Fotomotiv der Stadt, denn es sieht aus, als läge ein Dampfer vor Anker. 1467 erbaut – damit eigentlich spätgotischen Ursprungs – wurde es jedoch um 1750 barock überformt. Seine spektakuläre Lage gilt zugleich auch als historische Herrschaftsgrenze zwischen der Bischofsstadt auf dem Berg und der Bürgerstadt im Regnitzgrund. Die Dauerausstellung »Glanz des Barock« in den Räumen des Rathauses (Di–So 9:30–16:30 Uhr) zeigt barockes Porzellan und Straßburger Fayencen.

Das Wasserschloss Concordia, erbaut von Johann Dientzenhofer

Wir überqueren die Regnitz, biegen zweimal links ab und kehren mit Prachtblick auf das Alte Rathaus über die Geyerswörther Brücke ans Ostufer der Regnitz zurück, direkt zum **Schloss Geyerswörth**. Die Fürstbischöfe waren es, die den Bau 1587 errichten ließen und ihn als Stadtschloss nutzten. Heute ist es Sitz des Sozialreferats und der Touristinformation der Stadt. Vom Turm aus hat man eine wunderbare **Aussicht** auf die Altstadt (Schlüssel in der Touristinformation). Die Route umläuft das Schloss nach links, überquert gleich den alten Kanal und führt auf Habergasse und Zinkenwörth zum Schillerplatz. An Nr. 26 steht das **E.T.A.-Hoffmann-Haus**, in dem der Dichter fünf Jahre gelebt hat. An der Südseite des Platzes führt die Straße Nonnenbrücke über den Kanal bis zur Regnitz. Läuft man hier auf dem Mühlwörth ein Stück an der Regnitz entlang, kann man einen schönen Blick auf das barocke **Wasserschloss Concordia** am Gegenufer genießen. Dieses wurde 1725 von Johann Dientzenhofer im Auftrag des hoch- und kurfürstlichen Geheimen Rats Ignaz Tobias Böttinger aus Bamberg erbaut. Wieder zurück, geht es auf der Oberen Mühlbrücke über die Regnitz und in zwei kurzen Rechtsknicks zum **Böttingerhaus**, einem

Der Dichter und Komponist E. T. A. Hoffmann mit Kater Murr auf dem Schillerplatz. Hoffmann hat einige Jahre in Bamberg zugebracht.

Der Dom zu Bamberg mit seinen vier Türmen. Er gehört zu den deutschen Reichs- und Kaiserdomen und gilt als einer der bedeutendsten Sakralbauten in Deutschland.

Barockpalais (1713) mit schmuckem Hof und terrassenartigem Garten. Auch hier war Böttinger der Auftraggeber. Es beherbergt heute eine Kunstgalerie.

Hinauf zur geistlichen Stadt. Um die Ecke am Stephansplatz steht **St. Stephan**, die evangelische Hauptkirche Bambergs, und am Frauenplatz, auch nur einen Steinwurf entfernt, die Pfarrkirche »Unserer Lieben Frau«, auch »**Obere Pfarre**« genannt. Sie gilt als einzige rein gotische Kirche der Stadt und beeindruckt auch durch den prachtvollen, barocken Hochaltar, die reich verzierte Decke sowie ein Tintoretto-Gemälde und eine spätgotische Marienkrönung. Wir laufen den Unteren Kaulberg hinauf und kommen am **Karmelitenkloster** mit seinem bedeutenden spätromanischen Kreuzgang vorbei. Auf der Gegenseite geht es dann unten rechts auf dem Fuß-/Radweg (Im Domgrund) zum Dom.

Auf dem **Domberg** erlebt man nun einen absoluten Höhepunkt Bamberger Kunstgeschichte! Da ist zuerst der viertürmige **Kaiserdom**, Herzstück der Stadt und herausragendes Bauwerk zwischen Spätromanik und Frühgotik. Gestiftet von Kaiser Heinrich II., geht seine heutige Gestalt auf einen 1237 vollendeten Bau zurück. Der helle und würdevolle Innenraum birgt viele Kunstwerke, so die Steinskulptur des Bamberger Reiters (um 1230), das Hochgrab Heinrichs II. und seiner Ge-

Bei einem Besuch von Kloster und Kirche St. Michael kann man im Klostergarten auch eine wohltuende Ruhepause einlegen.

mahlin von Tilmann Riemenschneider, das Papstgrab Clemens II. sowie einen Marienaltar von Veit Stoß (1523) und weitere kostbare Holz- und Steinplastiken. Im Kapitelhaus befindet sich das **Diözesanmuseum** (Di–So 10–17 Uhr) mit sakralen Schätzen.

Gleich an den Dom schließt die **Alte Hofhaltung** an, die frühere Kaiser- und Bischofspfalz mit malerischem Hof, der von blumengeschmückten Fachwerkhäusern umstanden ist. Hier gehen im Sommer die Calderón-Freilichtspiele über die Bühne, hier findet man auch das **Historische Museum** (Mai–Okt. Di–So 9–17 Uhr) mit Themen zur Stadt- und Regionalgeschichte.

Die Decke der Kirche St. Michael ist mit fast 600 Blumen und Kräutern verziert.

Gegenüber der Hofhaltung erstreckt sich die barocke Front der **Neuen Residenz**, 1703 von Leonhard Dientzenhofer errichtet. Eine Führung macht mit den prächtigen Innenräumen des fürstbischöflichen Domizils bekannt (April–Sep. täglich 9–18, Okt.–März 10–16 Uhr). An der Oberen Karolinenstraße schließt sich an den Barockkomplex ein ebenfalls zweiflügeliger Residenztrakt im Renaissancestil an, der ab 1602 errichtet wurde. Vom **Rosengarten** hinter der Residenz bietet sich ein herrlicher Blick auf Stadt und Michaelskirche.

Klein-Venedig in Bamberg: pittoreske Fischersiedlung am Ufer des linken Regnitzarms mit Fachwerkfassaden, kleinen Vorgärten und blumenbestandenen Balkonen

Der Bamberger Reiter im Kaiserdom, ein weltbekanntes gotisches Standbild, von dem man allerdings weder weiß, wer es geschaffen hat, noch, wer auf dem Pferd sitzt

Nächstes Ziel ist der **Michelsberg**, den wir über die Obere Karolinenstraße und die Michaelsbergstraße erreichen. In der Anlage des ehemaligen Benediktinerklosters, das im 18. Jh. von den Gebrüdern Dientzenhofer im Barockstil neu errichtet wurde, steht auch die Kirche St. Michael von 1610. Ihre Glanzstücke sind die Barockfassade mit Freitreppe sowie die mit 578 Blumen und Kräutern bemalte Decke, eine prächtige Holzkanzel und die Heilig-Grab-Kapelle.

Zurück über »Klein-Venedig«. Auf der Ostseite der Klosteranlage führt der Benediktenweg mit exzellenter Aussicht wieder hinunter zur Stadt. Vom Ottoplatz laufen wir geradewegs zum Regnitzufer, wo »**Klein-Venedig**« gegenüberliegt. Bamberg wird also seiner sieben Hügel wegen nicht nur das »Fränkische Rom« genannt, sondern repräsentiert auch Venedig, wenn auch nur mit »Klein-Venedig«. Die ehemalige Fischersiedlung direkt am Regnitzufer gibt mit ihren aneinandergereihten alten, teilweise mit Fachwerk, kleinen Vorgärten und Balkonen geschmückten Häusern eine bezaubernde Kulisse ab. Über die Kasernstraße gelangen wir zur Dominikanerstraße und von dort zurück zum Alten Rathaus. Zu erwähnen ist noch das **Naturkundemuseum** (Di–So 9–17, Okt.–März 10–16 Uhr) an der Universität, das sich Themen wie

Umweltschutz, Ökologie, Zoologie und Mineralogie widmet. Es liegt auf dem Rückweg zum Bahnhof.

In der Dominikanerstraße kommt man am **Schlenkerla** (mit Hofterrasse) vorbei, einem der berühmtesten Brauereigasthäuser Bambergs. Und davon gibt es eine ganze Menge. Schließlich ist Bamberg auch eine Biermetropole mit neun Brauereien (über 50 Biersorten!), vielen Bierlokalen, wo es »a Seidla« Rauchbier gibt, und einem Brauereimuseum (Michelsberg, April–Okt. Mi–Fr 13–17, Sa/So/Fei 11–17 Uhr). Stellvertretend sollen noch die altfränkische Gaststätte **Kachelofen** mit Straßenterrasse (Obere Sandstr. 1) und das **Ambräusianum**, Bambergs einzige Gasthaus-brauerei (Dominika-nerstr. 10), ge-nannt werden. Bamberg ist auch eine Krip-penstadt. Zur Weihnachtszeit führt der »Krip-penweg« zu über 30 kunst-vollen Krippen.

Links: Nach dem Rundgang fällt ein letzter Blick an der Unteren Brücke auf die Statue der Kaiserin Kuni-gunde, der Mitbegründerin des Bis-tums Bamberg. Die Figur ist eine Kopie, das Original steht in der St. Jakobskirche und ist die letzte von einst sechs Figuren. Die übrigen fünf wurden durch Hochwasser zerstört.

Rechts: Das Schlenkerla in der Do-minikanerstraße, Bambergs bekann-testes Wirtshaus. Hier kann man gut ein »Schäuferla« probieren.

Eines der fränkischen Nationalgerichte, das »Schäuferla«, serviert mit einem »Seidla« Räucherbier

22 Glanzlichter im Coburger Land

Autofahrt von Schesslitz über Bad Staffelstein und Sesslach nach Coburg (ca. 80 km)

Anfahrt: Mit dem Auto ab München A 9/A 3/A 73/ A 70; ab Nürnberg A 3/ A 73/A 70; ab Augsburg B 300 und dann wie München
Karten: Reisekarte Franken: ADAC-Autokarte Bayern Nord, 1:200 000; Detailkarte Coburg: Topografische Karte UK 50-3 Oberes Maital Coburger Land, 1:50 000
Information: Oberes Maintal – Coburger Land, Lichtenfels: Tel.:09571/182 83; www.oberesmaintal-coburgerland.com

Die Region um Coburg mit dem reizvollen Tal des Obermains als südliche Grenze liegt zwar nicht in einem der zahlreichen fränkischen Naturparks, kann aber dafür mit traditionsreichen Baudenkmälern und wunderschönen Ortsbildern aufwarten. Allein die Wallfahrtskirche Vierzehnheiligen oder Kloster Banz und die Coburger Veste sind eine eigene Reise wert.

Auftakt in Schesslitz. Nur rund 15 km nordöstlich von Bamberg liegt die Stadt Schesslitz, die rund 1200 Jahre alt und damit älteste im Landkreis Bamberg ist. Sie besitzt ein ansprechendes **Ortsbild**, dessen Konturen wohl aus der 2. Hälfte des 18. Jh. stammen und das mit barocken **Stein- und Fachwerkhäusern** durchsetzt ist. So steht an der Hauptstraße auf Nr. 33 das fachwerkverzierte Dillighaus von 1692 mit Erker und kunstvoll geschnitztem Holzbilderfries im Obergeschoss. Nr. 34 nimmt ein ehemaliges Schloss mit Mansarddachbau ein, heute Rathaus. Beachtung verdient auch die **Pfarrkirche St. Kilian** mit Bauteilen

Blick von der Giechburg in Schesslitz über das Coburger Land Richtung Bamberg. Die sanft gewellte Region liegt am Westrand der Fränkischen Schweiz.

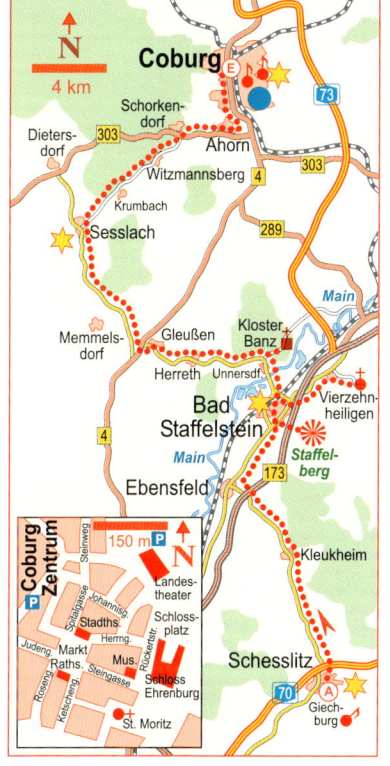

vom 13. bis 16. Jh. und prächtiger Ausstattung, darunter Altäre, Barockfiguren und Grabmäler. Hervorzuheben ist nicht zuletzt die **Giechburg**, die sich auf einem Felskegel gut 200 m über der Stadt erhebt und weite Aussicht gewährt. Sie besteht teils aus Ruinen, teils aus wieder hergestellten Flügelbauten (um 1600), während der Bergfried aus dem 13. und die Toranlage aus dem 15. Jh. stammen. Die Burg mit einer Gaststätte im Burghof ist heute beliebtes Ausflugsziel.

Information: Tel.: 09542/949 00; www.schesslitz.de
Einkehr: Café Restaurant Dillighaus, Hauptstr. 33, Innenhof (Do/Fr Ruhetage); Ortsteil Würgau: Brauereigasthof Hartmann, Biergarten (Di Ruhetag)

Im »Gottesgarten am Obermain«. Auf Nebenstraßen steuern wir über Ebensfeld **Bad Staffelstein** an. Um 800 erstmals erwähnt und 1418 mit Stadtrechten ausgestattet, hat der Ort einen Namen als Heimat des Rechenmeisters Adam Riese, der hier 1492 geboren wurde. Die Stadt besticht auch mit ansehnlichem Ortsbild, vor allem am Marktplatz, wo neben Fachwerkhäusern

Oben: Schesslitz kann mit einem ansehnlichen Ortsbild aufwarten, wie hier im Zentrum mit dem mehr als 300 Jahre alten Dillighaus, das ein kunstvoll verziertes Obergeschoss mit Erker und Türmchen besitzt.

Unten: Herzstück und Wahrzeichen Staffelsteins ist das nach einem Brand des Vorgängerbaus bis 1687 errichtete neue Rathaus. Es trägt in den Obergeschossen reiches Fachwerk und besitzt zudem einen prächtigen Sitzungssaal mit Holzdecke.

das ebenfalls fachwerkgeschmückte **Rathaus** von 1687 steht, Wahrzeichen der Stadt. Motor für den Tourismus war allerdings weit mehr die **Obermain-Therme**, die sich als stärkste und wärmste Thermalsole Bayerns erwiesen hat. 16 Innen- und Außenbecken, von 28 bis 36 Grad warm, locken heute jährlich rund 800 000 Besucher nach Staffelstein.

Information: Tel.: 09573/331 20; www.bad-staffelstein.de
Einkehr: Gasthof Adam Riese, Bamberger Str. 1 (Do Ruhetag)

Die Wallfahrtsbasilika Vierzehnheiligen, an der soeben eine Gruppe von Wallfahrern nach einem 40-km-Gewaltmarsch ankommt

Kloster Banz bietet nicht nur Meisterarchitektur und Kunstschätze, sondern auch einen schattigen Biergarten, in dem man sich von anstrengenden Rundgängen erholen kann.

Der »Gottesgarten am Obermain«, so genannt nach dem Frankenlied und übereinstimmend mit der Region um Staffelstein, erhält seinen besonderen Stempel von einem »Dreigestirn«: der Wallfahrtsbasilika Vierzehnheiligen, dem Kloster Banz und dem Staffelberg. Sie tragen entscheidend zur Anziehungskraft dieser Region bei.
Etwa 4 km nordöstlich von Staffelstein liegt die **Wallfahrtsbasilika Vierzehnheiligen**. Ihre Ursprünge gehen auf die Mitte des 15. Jh. zurück, als einem Schäfer der Gegend das Christkind und die Vierzehn Nothelfer erschienen sein sollen. Daraus entwickelte sich eine Wallfahrt, die später solche Ausmaße annahm, dass Friedrich Karl von Schönborn, Fürstbischof von Bamberg, sich 1735 entschloss, eine große Kirche zu bauen. Er beauftragte damit Balthasar Neumann, den »Stararchitekten« jener Zeit, der mit Vierzehnheiligen sein kühnstes und reifstes Werk schuf. Die Weihe fand 1772 statt. Nach Säkularisation 1803 sind es heute die Franziskaner, die sich um die Wallfahrt und die Pilger kümmern.
Das Innere ist »das letzte große Manifest des Rokoko« (Georg Dehio). Der elegante Stuck stammt u. a. von Johann Michael Feichtmayr, die Fresken von Joseph Ignaz Appiani. Frei über dem historischen Erscheinungsort stehend, ist in der Mitte der Hauptrotunde der außerordentlich prachtvolle Gnadenaltar mit

den 14 Figuren der Nothelfer postiert. Er ist das Hauptwerk Feicht-mayrs. Besonders beeindruckend sind das geniale Figurenspiel und der prunkvolle Stuckmarmorbaldachin. Nicht minder form-vollendet zeigen sich die figurenreiche Kanzel, ebenfalls ein Werk Feichtmayrs, sowie der Hochaltar mit glanzpolierten Figuren.

Information: Franziskanerkloster, Tel.: 09571/950 80;
www.vierzehnheiligen.de
Einkehr: Gasthof Goldener Hirsch (neben der Basilika), Biergarten;
Brauerei Trunk (hinter der Basilika), Biergarten

Gegenüber von Vierzehnheiligen grüßt am Nordhang des Maintals weit sichtbar das **Kloster Banz** mit seiner doppeltürmigen Kirche ins Land. Im frühen Mittelalter noch eine Burg, entstand daraus An-fang des 12. Jh. ein Benediktinerkloster. Brände und Kriegswirren zwangen in den folgenden Jahrhunderten zu Neubauten, zuletzt im 18. Jh., als Kloster und Klosterkirche von Leonhard Dientzenhofer und seinem Bruder Johann vollständig erneuert wurden. 1803 wur-de das Kloster säkularisiert, 1814 erwarb es Herzog Wilhelm von Bayern (»Schloss« Banz). Heute gehört es der CSU-nahen Hanns-

Blick durch den Torbau auf den Hauptbau des Klosters Banz, in dem alle wichtigen Trakte des Klosters und natürlich auch die Klosterkirche integriert sind

Beim Aufstieg von Staffelstein aus wirkt die Felsgruppe des Staffelbergs wie eine Festungsbastion.

Seidel-Stiftung, die es als Tagungsstätte und Ort der Erwachsenenbildung nutzt.

Die **Klosterkirche** im Stil süddeutsch-böhmischen Barocks besticht durch ihre besondere Raumwirkung. Auf gerade Linien und Flächen wird weitgehend verzichtet, die mit Figuren und Schmuckelementen dekorierten Wände sind abgerundet bzw. ein- oder ausgebuchtet. Darüber wölben sich mit Stuck und Fresken geschmückte Kuppeln. Beachtenswert sind neben Stuck und Gemälden auch die Altäre sowie die Kanzel und eine Reihe qualitätsvoller Skulpturen. Der Hauptbau der **Klostergebäude** umfasst u. a. den Abteibau mit Kaisersaal und Fürstenzimmer, den Bischofsbau sowie den Refektoriums- und Sakristeibau. Die Klosterstuben mit Garten laden zur Einkehr ein.

Gut 2 km östlich von Staffelstein erhebt sich der 539 m hohe **Staffelberg**, ein Wahrzeichen Frankens. Von Geheimnissen umwoben und mit reizvoller Landschaft ausgestattet, die weite Ausblicke ins Land gewährt, ist er beliebtes Ziel von Ausflüglern und Wanderern. Er soll schon seit dem 5. Jahrtausend v. Chr. befestigt und besiedelt gewesen sein. Dort könnte auch die keltische Stadt »Menosgada« gestanden haben, die mit Einwanderung der Germanen ausgelöscht wurde. Im Mittelalter war der Berg eine bedeutende

Auf dem Plateau des Staffelbergs an der Felsgruppe. Wunderbare Aussicht über den »Gottesgarten am Obermain« mit Bad Staffelstein links unten und Kloster Banz rechts hinten auf dem bewaldeten Hügel

Wallfahrtsstätte zur Verehrung der Hl. Adelgundis. Ein gleichnamiges Kirchlein steht heute noch auf dem Plateau. Vom Friedhof in Staffelstein aus führt ein Lehrpfad mit Info-Tafeln auf den Berg. Dort kann man in der Staffelbergklause einkehren.

Über Sesslach in die Residenzstadt Coburg. Auf dem Weg nach Coburg (siehe Karte) sollte man unbedingt einen Abstecher nach **Sesslach** machen, denn das von Kaiser Ludwig dem Bayern gegründete und 1335 zur Stadt erhobene Dorf kann mit einem der reizvollsten Ortsbilder Oberfrankens (16.–18. Jh.) aufwarten. Umschlossen wird das Städtchen von einer gut erhaltenen Mauer mit drei Tortürmen. Im Ortskern beachtenswert sind einige malerische Gebäude und Baugruppen wie das fachwerkverzierte Rathaus (16. Jh.) mit Freitreppe, das ehemalige Fürstbischöfliche Amtshaus (1714) sowie das Hohe Haus aus dem 14. Jh. mit Fachwerkdoppelstock, heute Gasthaus. Auch die Kirche lohnt einen kurzen Besuch, denn sie ist gut ausgestattet und besitzt eine Reihe hervorragender Grabplatten aus der Renaissancezeit.

Dorfidylle in Sesslach nahe Coburg. Blick vom Marktplatz hinunter auf die Luitpoldstraße bis zum Geiersberger Torturm

Information: Tel.: 09569/922 50; www.sesslach.de
Einkehr: Roter Ochse, Maximiliansplatz, Biergarten (Mo & Do Ruhetag); Gasthaus Reinwand, Maximiliansplatz, Straßenterrasse (Mi Ruhetag)

Die »Fränkische Krone« in Coburg: stolze Veste über der Stadt

Coburg. Coburgs Kolorit ist eine prickelnde Mischung. Sie trägt fränkische und thüringische Züge und wird überlagert vom einstigen Glanz als Herrschaftssitz der Herzöge von Sachsen-Coburg und Gotha. Coburg war einst Treffpunkt des Hochadels.

Beginnen wir den Rundgang am Schlossplatz. Beherrscht wird er vom **Landestheater**, das früher Hoftheater war, und von **Schloss Ehrenburg**, ab 1547 fast 400 Jahre lang Stadtresidenz der Coburger Herzöge. Schlossführungen (April–Sept. Di–So 9–17 Uhr stündlich, im Winter 10–15 Uhr) machen mit den Prunkräumen bekannt, so u. a. mit Wohnräumen der Königin Victoria, dem Thronsaal und den Fürstenzimmern mit kostbaren Möbeln.

Der Innenhof der Veste in Coburg mit dem Carl-Eduard-Bau links und der Hohen Kemnate rechts

Jetzt steigen wir, die Veste zum Ziel, an der Ostseite des Platzes die Treppen hinauf und wandern durch den schönen Hofgarten nach oben. Unterwegs das **Naturkundemuseum** (täglich 9–17 Uhr), das einschlägige Sammlungen bereithält. Nach einer guten halben Stunde haben wir die **Veste Coburg** erklommen. Die mächtige Burganlage, im Volksmund auch »Fränkische Krone« genannt, geht bis ins 11. Jh. zurück und war Sitz der Herzöge, bevor diese ins Stadtschloss Ehrenburg umzogen. Sehenswert sind die historischen

Räume (u. a. Lutherzimmer, in dem der verfolgte Reformator 1530 Zuflucht fand) und vor allem die Kunstbestände wie Skulpturen, Gemälde, Waffen, eine bedeutende Glassammlung und ein Kupferstichkabinett (April–Okt. täglich 9.30–17 Uhr, Winter Di–So 13–16 Uhr).

Nach der Burgvisite geht es durch den Hofgarten zum Schlossplatz zurück und zum **Markt** weiter. Wer jetzt einen Bummel durch die umliegenden Gassen machen will , begegnet reizvollen Straßenbildern, z. B. in Steinweg und Spitalgasse, aber auch den »Highlights« der Innenstadt. Dazu zählen am Markt das **Rathaus** und das **Stadthaus** sowie das Denkmal des Coburger Prinzen Albert, der ja die englische Königin Viktoria geheiratet hat. Sehenswert auch die Hauptkirche St. Moriz, ein spätgotischer Bau, der im 18. Jh. barock umgestaltet wurde. In der Rückertstraße wartet das **Puppenmuseum** (April–Okt. täglich 10–16 Uhr, Winter Di–So 11–16 Uhr), das an die 900 antike Puppen und über 50 Puppenstuben zeigt.

Information: Tel.: 09561/89-80 00; www.coburg.de
Einkehr: Romantikhotel Goldene Traube, Am Viktoriabrunnen; Gasthaus Goldenes Kreuz, Herrngasse 1, Terrasse und Innenhof (Di Ruhetag); Münchner Hofbräuhaus, Kleine Johannisgasse 8, Biergarten

Das Coburger Rathaus, ein 1580 entstandener Renaissancebau, der 1751 und 1905 umgestaltet wurde. Davor das Denkmal des Prinzen Albert, der 1840 die englische Königin Viktoria ehelichte

Hier brutzeln echte Coburger Rostbratwürste. Sie unterscheiden sich von den Nürnberger Bratwürsten vor allem dadurch, dass sie zwei- bis dreimal so lang sind. Köstlich schmecken aber auch sie!

23 Auf Entdeckungsreise im Frankenwald

Quer durch das herbe Mittelgebirge zu Naturschönheiten und kulturellen Höhepunkten (ca. 180 km)

Anfahrt: Mit dem Auto ab München A9, ab Augsburg B300/A9
Karten: Reisekarte Franken: ADAC-Autokarte Bayern Nord, 1 : 200.000
Information: Frankenwald-Tourismus in Kronach, Adolf-Kolping-Str.1, Tel. 09261/60 150; www.frankenwald-tourismus.de

Der Naturpark Frankenwald heißt auch »Grüne Krone Bayerns« und ist eigentlich ein Wanderparadies. Um jedoch einige seiner Anziehungspunkte, wie Burgen oder Aussichtspunkte kennenzulernen, ist eine Rundfahrt per Auto besser geeignet. Ausgangspunkt ist Thurnau, obwohl dieses Städtchen im Vorfeld des Frankenwalds liegt.

Start in Thurnau. Bei der Anfahrt zum Frankenwald sollte man unbedingt das Städtchen Thurnau mitnehmen (siehe Karte), denn dort warten ein romantisches Schloss und ein reichhaltiges und besucherfreundlich angelegtes Töpfermuseum auf Besuch. Die Geschichte von **Schloss Thurnau** geht bis ins 13. Jh. zurück. Zerstörungen und Wiederaufbau wechseln sich in den folgenden Jahrhunderten ab, bis ins 18. Jh. wird die Anlage immer wieder erweitert oder in Teilen erneuert. Ab 1731 gehörte sie der Familie von Giech. Unterschieden werden ein Unteres Schloss mit drei Flügeln und Kemenate, dem ältesten Bau der Anlage und ein Oberes Schloss, in dem drei Flügel in einem offenen Rechteck stehen. Heute ist das Schloss Sitz des Wissenschaftszentrums der Universität Bayreuth.

Schloss Thurnau am Schlosssee, umrankt von herbstlichen Farben. Vorne der Zehntturm links und der Weiße Turm rechts. Der hohe Bau hinten ist die Kemenate (Bau mit Wohngemach), ältester Teil der Anlage (13. Jh.).

Töpferfreunde finden im **Töpfermuseum** regionale Keramik aus früheren Jahrhunderten, aber auch zeitgenössische Produkte aus Thurnauer Töpfereien. Zugänglich ist das Museum von April bis September Di–Fr 14–17, Sa/So/Fei 11–17 Uhr.

Über Kulmbach bis Presseck. Da den Städten Kulmbach und Kronach ein eigener Ausflug gewidmet ist (siehe Tour 24),

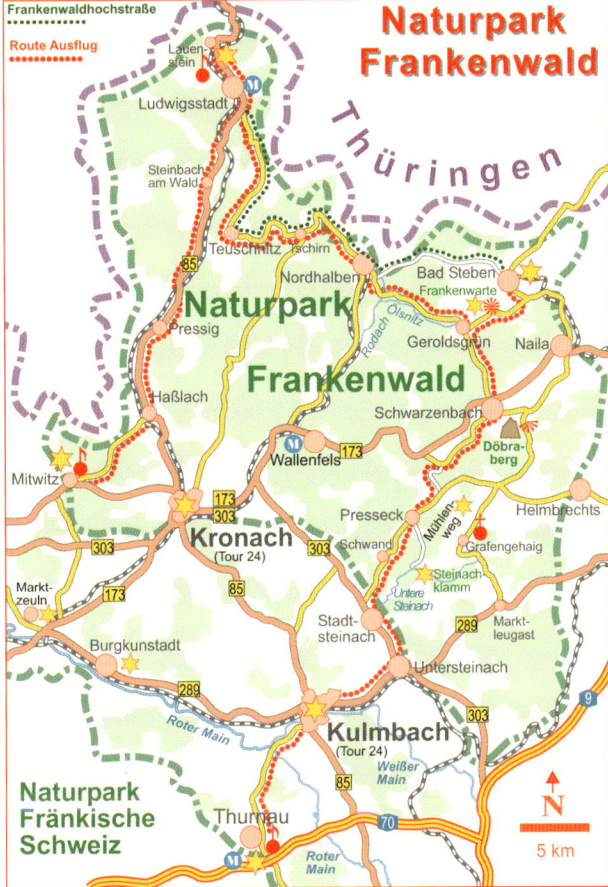

durchqueren wir Kulmbach ohne Halt und fahren – wie in der Karte markiert – über Stadtsteinach nach Presseck. Wenn wir von dort rund 4 km strikt nach Süden fortsetzen, kommen wir nach Wildenstein und damit ins Steinachtal und zur **Stein-achklamm**. Es ist keine monströse Felsschlucht á la Höllentalklamm in Garmisch, sondern eine kurze felsige Enge, durch die sich die Steinach ihren Weg gebahnt hat. Die Klamm zählt zu den

Bild oben: Die Ausmaße der Steinachklamm bei Wildenstein sind bescheiden, die erdge-schichtlichen Hintergründe dagegen faszinierend. Bild- und Texttafeln erläutern die Entwicklungen.

Die ansehnliche Schübelsmühle nahe Schlackenreuth ist eine der alten Mühlen, die am Mühlenweg rund um Grafengehaig liegen. Das Anwesen wurde 1488 erstmals erwähnt.

100 schönsten und wichtigsten Geotopen Bayerns, nicht zuletzt deshalb, weil sie aus dem seltenen sehr harten und vulkanischen Gestein Quarzkeratophyr besteht, das hier nur im unmittelbaren Bereich der Klamm vorkommt. Damit gewährt die Klamm Einblicke in die erdgeschichtliche Entwicklung vor vielen Millionen Jahren.

Ein ganz anderes Thema sind alte **Mühlen**, die rund um Grafengehaig auf dem sogenannten Mühlenweg, der als meistbegangener Rundweg des Frankenwalds gilt, erwandert werden können. Der stille und einsame Weg führt durch reizvolle kleine Täler, ist 16,2 km lang, kann aber beliebig abgekürzt werden. Berührt werden insgesamt 11 Mühlen und ein Hammerwerk. Von Presseck aus kann man nach Schlackenreuth fahren und dort an der Schübelsmühle die Wanderung beginnen.

Nach Bad Steben über Schwarzenbach. Die Strecke von Presseck nach Bad Steben (siehe Karte) steht im Zeichen zweier Aussichtspunkte: dem Döbraberg und der Frankenwarte.

Der **Döbraberg** bei Schwarzenbach am Wald ist mit 795 m die höchste Erhebung des Frankenwalds. Eine kurze Wanderung von Kleindöbra auf das Plateau ist nur knapp 1 km lang. Die noch heute in Reiseführern und Internetbeiträgen angepriesene »grandiose Aussicht« vom Prinz Luitpoldturm ist inzwischen durch die Baumwipfel der umstehenden Wälder ziemlich eingeschränkt. Da bietet sich vom Turm der **Frankenwarte** 1 km nordöstlich von Geroldsgrün ein eindrucksvollerer Rundblick, der auf der Nordseite hinüberreicht bis **Bad Steben**.

Ein stimmungsvolles Bild vom Turm der Frankenwarte nahe Geroldsgrün in nördliche Richtung. Die Landschaft wirkt still und friedlich, in der Ferne ist im rechten Teil des Bildes der Kurort Bad Steben zu erkennen.

Damit sind wir im einzigen Heilbad des Frankenwalds und dem höchstgelegenen Staatsbad Bayerns (600 m) angelangt. In früheren Zeiten war Steben ein Bergbauzentrum. In diese Richtung war auch Alexander von Humboldt als Oberbergmeister Ende des 18. Jh. tätig. Dann übernahm das Königreich Bayern im 19. Jh. die Heilquellen und damit begann die Karriere des Kurortes Steben. Folgerichtig stehen denn auch die Kuranlagen des Städtchens im Mittelpunkt. Leo von Klenze war es, der das Bild des Kurparks geprägt hat. Dominierende Bauten in dem hellen Park mit altem Baumbestand sind die Säulenwandelhalle (1910) und das Kurhaus (1911). Die eigentlichen Stärken des Heilbades aber sind sein Naturmoor und seine Heilquellen, die Edelgas Radon und Kohlensäure enthalten. Sie sollen u.a. Gelenk- und Wirbelsäule- sowie Herz- und Gefäßerkrankungen lindern.
Bevor Sie das Städtchen in Richtung Geroldsgrün wieder verlassen, werfen Sie im Ortszentrum noch einen Blick auf das Humboldthaus, auf die Alte Wehrkirche St. Walburga und auf die Therme.

Wir befinden uns im Kurpark in Bad Steben. Der alte Baumbestand unterstreicht den Parkcharakter der Anlage. Zu sehen sind im Hintergrund die Arkaden der Säulenwandelhallen.

Information: Bad Steben Tel. 09288/960-0; www.bad-steben.de
Einkehr: Gasthof Roter Ochse mit Terrasse, Hauptstraße 11

Im nördlichsten Zipfel Frankens. Unsere Fahrroute ab Bad Steben verläuft nach Geroldsgrün, weiter durch das reizende Ölsnitztal und schließlich nach Nordhalben. Dort nutzen wir die gut

Bilder oben: Die Burg Lauenstein, links in der Gesamtansicht oberhalb des Ortsteils Lauenstein, rechts der Innenhof mit dem Thünaflügel

ausgebaute und meist durch Wald führende Frankenwald-Hochstraße und erreichen über Teuschnitz und die B85 **Ludwigstadt**. Die Dächer und viele Hausfassaden sind hier mit Schiefer belegt, wir sind sozusagen im »Schieferland«. Wer sich für Abbau und Verarbeitung von Schiefer interessiert, erfährt im Schiefermuseum (Di–So 13–17 Uhr) Näheres.

Hauptaugenmerk aber gilt der **Burg Lauenstein**, gut 3 km nördlich von Ludwigsstadt malerisch auf einem Bergkegel oberhalb des Ortsteils Lauenstein gelegen. Erbaut im 12. Jh., besteht sie aus dem Orlamündeflügel im Süden und dem Thünaflügel im Norden. Zwischen den beiden Flügeln erhebt sich der achteckige Treppenturm. Umgeben ist der innere Bering von einer weitläufigen Vorburg. Führungen finden von April bis September 9 bis 18 Uhr statt.

Das Wasserschloss in Mitwitz mit dem Südflügel des Kernschlosses

Information: Ludwigsstadt Tel. 09263/949-0; www.ludwigsstadt.de

Einkehr: Ortsteil Lauenstein: Gasthaus Goldener Löwe mit Terrasse, Markgrafenweg 1

Ausklang der Rundreise in Mitwitz. Wenn man von Lauenstein auf der B 85 nach Süden fährt (siehe Karte) und nach ca. 30 km in Haßlach nach Südwesten abbiegt, trifft man wenig später in Mitwitz ein.

Der Markt ist weit über seine Grenzen hinaus bekannt für sein **Wasserschloss**. Es tritt im 13. Jh. aus dem Dunkel der Geschichte und gehörte von 1575 bis 1927 den Freiherrn von Würtzburg. Das Kernschloss ist eine mächtige Vierflügelanlage mit Türmen an den Ecken. Wer sich eine romantische Ansicht der von Wasser umspielten Anlage à la Thurnau verspricht, wird enttäuscht. Dichter Baumbestand und Abgrenzungen lassen leider nur Teilansichten zu. Von Mai bis September finden Schlossführungen statt, der Innenhof des Kernschlosses aber kann frei besichtigt werden. Dort steht ein Neptunbrunnen mit der Sandsteinfigur »Der fränkische Ritter«.

Das kunstvolle Rathaus in Marktzeuln, überreich mit rautenförmigem Fachwerk geschmückt. Links davon ein Treppenturm mit Zwiebelkuppel

Sollten Sie nun von Mitwitz aus Ihre Heimreise in Südrichtung antreten, empfehlen sich noch zwei kurze Halte: Zunächst in **Marktzeuln** ca. 15 km südlich von Mitwitz. Aus dem reizvollen Ortsbild ragt das Rathaus von 1690 hervor, nach Dehio eines der vorzüglichsten Beispiele barocker Zimmermannskunst. Vor allem die Giebelfront zeigt reichstes Zierfachwerk.

Auch im nahegelegenen **Burgkunstadt** lohnt ein kurzer Gang über den Marktplatz. Sehenswert sind u.a. das Rathaus, die ehemalige fürstbischöfliche Vogtei und fachwerkgeschmückte Privathäuser.

Bilder unten: Straßenszenen in Burgkunstadt. Links zwei reich dekorierte Fachwerkhäuser, dahinter das Rathaus mit fachwerkverziertem Obergeschoss; rechts eine malerische Häuserzeile am Marktplatz

24 Burgen und Bier – von Bayreuth bis Kronach

Stadtrundgang in Bayreuth und Autofahrt über Kulmbach nach Kronach (ca. 50 km)

Anfahrt: Mit dem Auto ab München/Nürnberg A 9; ab Augsburg B 300 und dann wie München

Karten: Reisekarte Franken: ADAC-Autokarte Bayern Nord, 1:200 000

Information: Bayreuth: Tel.: 0921/885 88; www.bayreuth.de Kulmbach: Tel. 09221/95 88 0; www.kulmbach.de Kronach: Tel.: 09261/972 36; www.kronach.de

Der Ausflug verläuft in Oberfranken ein Stück auf der Bier- und Burgenstraße. Höhepunkte sind die Schlösser der Bayreuther Markgrafen, die einstige Hohenzollernresidenz Plassenburg in Kulmbach und die in Kriegen nie bezwungene Festung Rosenberg in Kronach. Zum Programm gehören aber auch weltberühmte Opernhäuser und natürlich eine Bierprobe.

Rundgang in Bayreuth. Was früher markgräflicher Residenzsitz war, ist heute eine Universitäts- und vor allem eine Festspielstadt, Letztere mit Weltruhm. Wenn sich im Sommer Musikfreunde aus aller Welt versammeln, überstrahlt Wagner Stadt und Region. Doch das reiche kunsthistorische Erbe und eine ansehnliche Altstadt lohnen auch dann einen Besuch, wenn der Grüne Hügel verwaist ist. Es war vor allem die kunstsinnige Markgräfin Wilhelmine, Lieblingsschwester Friedrichs des Großen, die Bayreuth zum

Mekka von Opern- und Wagnerfans aus aller Welt: das Festspielhaus in Bayreuth

bedeutenden Kulturzentrum gemacht hat. Auf ihr Konto gehen u. a. das Markgräfliche Opernhaus, das Neue Schloss und Bauten der Eremitage.

Markgräfliche Eleganz in der Eremitage in Bayreuth: das Neue Schloss mit Sonnentempel in der Mitte und Flügelbauten

Wir nutzen die Gelegenheit, von der Anschlussstelle Bayreuth Nord zunächst zwei etwas außerhalb liegende Highlights der Stadt anzusteuern: das Festspielhaus und die **Eremitage**. Letztere liegt knapp 2 km südöstlich der Autobahnabfahrt. In einem Schlosspark stand zuerst nur das ab 1715 erbaute **Alte Schloss**. Wilhelmine, Gattin des Markgrafen Friedrich, veranlasste ab 1735 umfangreiche Erweiterungen, u. a. den Bau des **Neuen Schlosses** mit Sonnentempel und Wasserspielen. Park und Schlösser waren im Sommer Schauplatz regen höfischen Lebens.

Zurück an der Anschlussstelle, folgen wir der Riedinger- und Hofer Straße nach Westen und biegen nach der zweiten Bahnunterführung rechts in Richtung **Festspielhaus** an der Siegfried-Wagner-Allee ab. Schon von Weitem fällt der Blick auf den roten Backsteinbau auf dem Grünen Hügel. Wer sich für die Opernwelt interessiert, kann eine Führung mitmachen (Sept./Okt. tgl. 10/11/14/15 Uhr, an Probentagen nicht!). Immerhin zählt das Haus zu den größten Bühnen der Welt, seine Architektur und Akustik werden weithin gerühmt. Gebaut wurde es 1876 auf Initiative von Ri-

Romantische Kulisse in Kulmbach: Über der Stadt erhebt sich trutzig und dennoch malerisch die Plassenburg, Wahrzeichen Kulmbachs und einer der imposantesten Bauten der Renaissance in Deutschland.

chard Wagner und eröffnet mit dem »Ring des Nibelungen« im Rahmen der ersten Richard-Wagner-Festspiele.

Jetzt geht es zur Innenstadt, wo wir das Auto abstellen und den Weg zu Fuß fortsetzen. Rund um den Markt liegen heimelige Gassen mit alten Fassaden und Straßenlokalen, an der Maximilianstraße, Hauptader der Stadt, steht das Alte Rathaus und weiter unten das **Alte Schloss** (16. Jh.), eine Vierflügelanlage mit Turm und Kirche. Hier wohnten die Markgrafen von 1603 bis 1753, bevor sie ins Neue Schloss umzogen. Heute dient es als Verwaltungsgebäude. Lohnend ist ein kleiner Abstecher in die Kanzleistraße gegenüber, dort steht die **Stadtkirche** Hl. Dreifaltigkeit, »eine der ansehnlichsten gotischen Pfarrkirchen in Oberfranken« (Georg Dehio) mit beachtlicher Ausstattung.

Über den Sternplatz am Alten Schloss gelangt man in die Opernstraße und damit zum **Markgräflichen Opernhaus**. In der Fassade eher verhalten, entfaltet es innen eine verschwenderische Pracht und gilt deshalb als eines der schönsten Barocktheater Europas. 27 m ist die Bühne tief, damals ein Superlativ und auch heute noch beachtlich. Ton- und Lichtshows (Sommer täglich ab 9:15 Uhr alle 45 Min., Winter ab 10:15 Uhr) machen den Besucher mit dem Haus vertraut. Seit 2012 ist das Opernhaus Weltkulturerbe.

Wieder nur einen Steinwurf entfernt, an der Ludwigstraße, liegt das **Neue Schloss** mit schönem Garten. Es entstand 1764 und wurde Residenz des Markgrafen Friedrich und seiner Gattin Wilhelmine. Prunkstück der Anlage ist ein langgestreckter Zedernsaal, in dem der Bayerische Ministerpräsident Staatsempfänge gibt. Rekordverdächtig ist die Zahl der Bayreuther Museen, nämlich 20! Die wichtigsten sind das Richard-Wagner-Museum, das Franz-Liszt- und das Jean-Paul-Museum, das Historische Museum und die Staatsgalerie Bayreuth (Öffnungszeiten über Touristinfo).

Einkehr: Wolffenzacher, Badstr. 1, Straßenterrasse
Oskar, Maximiliansstr. 33, Straßenterrasse

Der vom Hauptschloss umstandene »Schöne Hof« auf der Plassenburg, ein wunderbares Beispiel des Renaissancestils. Die beiden Obergeschosse mit den Arkadenbögen sind überreich mit Ornamenten verziert.

In der Bierstadt Kulmbach. Auf der B 85 erreichen wir nach 25 km Kulmbach, wo vor allem zwei Aspekte locken: das süffige Kulmbacher Bier und die stolz über der Stadt thronende **Plassenburg**. 1135 erstmals erwähnt, durchlief sie eine wechselvolle Geschichte. Nach Zerstörung 1554 und Wiederaufbau wurde sie 1810 von Bayern übernommen und ab 1929 grundlegend saniert. Gegliedert ist sie in zwei Komplexe: das Hochschloss, das mit vier Flügeln den sogenannten »Schönen Hof« umschließt. Dessen Fassaden stellen »eines der reichsten Dekorationsstücke der deutschen Renaissance« (Georg Dehio) dar. Nach Nordosten fügt sich das Niederschloss an, das mit dem sechsgeschossigen Arsenalbau, der Hohen Bastei und einem Nordflügel den Kasernenhof umsteht.

Die Plassenburg (April–Okt. 9–18, im Winter 10–16 Uhr) beherbergt u. a. das Landschaftsmuseum Obermain, die Staatsgalerie Plassenburg und das Deutsche Zinnfigurenmuseum, das über 300 000 Figuren besitzt und das größte seiner Art in der Welt ist.

Die Gaststube der Kulmbacher Kommunbräu, wo man nicht nur fränkische Spezialitäten und ein süffiges Bier erhält, sondern an bestimmten Tagen auch dem Braumeister an den beiden Kupferkesseln bei der Arbeit zusehen kann

Von der Adolf-Kolbing-Straße lassen sich die Stadtebenen in Kronach am besten erkennen: am Fluss die Unterstadt, in der Mitte die Altstadt und – als krönender Abschluss – die Festung Rosenberg.

Links: Fränkische Idylle am Melchior-Otto-Platz in Kronach: neben stattlichen Fachwerkbauten das Gasthaus Zum Scharfen Eck, wo im Jahr 1472 Lucas Cranach der Ältere geboren wurde

Rechts: Wir treten ein in die Festung Rosenberg zwischen Kernburg und innerem Befestigungsring.

Mit seinen zirka 20 heimischen Biersorten gilt Kulmbach aber auch als **Bierhochburg**. Wer nähere Bekanntschaft mit dem Gerstensaft machen möchte, sollte den traditionsreichen Mönchshof (Hofer Str. 20) mit Brauereimuseum (Sommer Di–So 10–17 Uhr) und Bräuhaus (mit Biergarten) besuchen und an einer Bierprobe teilnehmen. Das ist auch in der Kulmbacher Kommunbräu (Grünwehr 17, Garten) möglich, wo man an Brautagen (bis zu viermal die Woche) sogar dem Braumeister in der Gaststube beim Brauen an zwei Sudkesseln zusehen kann.

Kronacher Attraktionen. Dritter Schwerpunkt und letzte Station ist das malerisch am Südrand des Frankenwaldes gelegene Kronach, nur etwa 20 km von Kulmbach entfernt. Um 1300 zur Stadt erhoben, wurde dort 1472 Lucas Cranach der Ältere geboren, der später zu einem bedeutenden Maler der Renaissance aufsteigen sollte. Kronach besitzt beachtliche Sehenswürdigkeiten. Sehr reizvoll ist

der **Stadtaufbau** in drei Terrassen: am Haßlachufer die Häuser der **Unteren Stadt**. In der mittleren Ebene die von Mauern, Toren und Türmen umgebene **Altstadt**. Dort stehen zahlreiche historische Sandstein- und Fachwerkhäuser wie das Alte Rathaus aus dem 16. Jh. oder die malerischen Gebäude an der Ecke Strauer Torweg/Lucas-Cranach-Straße. Hier befindet sich auch das Haus zum Scharfen Eck, Geburtshaus von Lukas Cranach d. Ä. Ebenfalls beachtenswert sind die gotische Stadtpfarrkirche und die Anna-kapelle.

Alles überstrahlend thront an höchster Stelle die **Festung Rosenberg**, eine der größten mittelalterlichen Burganlagen Deutschlands. Sie kann für sich in Anspruch nehmen, nie erobert worden zu sein. Älteste Teile der Burg stammen aus dem 13. Jh., Aus- und Umbauten zogen sich über die folgenden Jahrhunderte hin bis zur Mitte des 18. Jh. Die Gesamtanlage besitzt drei Befestigungsringe. Im Zentrum die Kernburg (13./14. Jh.) mit Bergfried und Ecktürmen an den vier Seiten. Umschlossen wird sie vom inneren Befestigungsring (15./16. Jh.), bestehend u. a. aus Zeughäusern und Mauerpartien. Letztendlich schließen sich außen Festungsbastionen in Fünfeckform aus der Barockzeit an. In der Festung (zugänglich März–Okt. Di–So 9:30–17:30 Uhr) befinden sich auch die Fränkische Galerie (Zweigstelle des Bayerischen Nationalmuseums) und das Frankenwaldmuseum. Burgführungen finden um 11/12:30/14 und 16 Uhr statt.

Einkehr: Kronach: Druckhaus, Lucas-Cranach-Str. 14, Straßenterrasse; Gasthaus Zum Scharfen Eck, Lucas-Cranach-Str. 2, Sommerterrasse

Die Festung Rosenberg von Norden aus gesehen: im Zentrum die Kernburg mit Ecktürmen und dem beflaggten Bergfried

25 Streifzug durch das Fichtelgebirge

Autofahrt ab Bayreuth über Bischofsgrün und Wunsiedel nach Selb (ca. 80 km)

Anfahrt: Mit dem Auto ab München/Nürnberg A 9; ab Augsburg B 300/A 9
Karten: Reisekarte Franken: ADAC-Autokarte Bayern Nord, 1:200 000;
Detailkarte Fichtelgebirge: Kompass-Karte Nr. 191 Fichtelgebirge 1:50 000
Information: Fichtelgebirge, Fichtelberg:
Tel.: 09272/96 90 30;
www.fichtelgebirge.de

Das sagenumwobene Fichtelgebirge am Nordostzipfel Frankens bedeckt zum Großteil den Landkreis Wunsiedel. Es kann mit faszinierenden Naturdenkmälern und einer Reihe außergewöhnlicher Museen aufwarten. Wichtige Stationen der Route sind Bischofsgrün, Wunsiedel und Selb.

Man sollte noch einen Blick auf das Neue Schloss in Bayreuth werfen, bevor man Richtung Bischofsgrün aufbricht. Ab 1753 Wohnsitz Bayreuther Markgrafen, besitzt es einen wunderschönen Schlossgarten.

Start in Bayreuth. Sollten Sie die ehemalige markgräfliche Residenzstadt noch nicht kennen, gibt der Ausflug Nr. 19 Hinweise auf die wichtigsten Sehenswürdigkeiten. Im Übrigen aber machen wir uns von dort auf den Weg über Goldkronach ins Fichtelgebirge (Route siehe Karte). Wer sich für den Bergbau interessiert, findet in **Goldkronach** sowohl ein Goldbergbaumuseum (So/Fei 13–17 Uhr) als auch einen Schaustollen (So 10–16 Uhr) auf der Schmutzlerzeche, der begehbar ist. In dem Städtchen wurden seit dem Mittelalter bis 1925 Gold und andere wertvolle Erze und Metalle abgebaut. Wenig später stößt man auf die B 303 und gelangt auf ihr nach Bischofsgrün.

Wie man an dieser reizvollen Landschaft im Raum Wunsiedel sieht, ist das Fichtelgebirge durchaus nicht nur von dunklen Wäldern bedeckt.

Rund um den Ochsenkopf. Wenn man das Zentrum des durch Wintersport und Tourismus namhaften Städtchens **Bischofsgrün** erreicht hat, steht man an einem schmucken Marktplatz mit Brunnen und Maibaum. Umstanden wird er von Pfarrkirche und Gasthöfen. Hauptattraktion ist jedoch der 2 km südlich gelegene **Ochsenkopf**, mit 1024 m Höhe zwar geringfügig niedriger als der benachbarte 1051 m hohe Schneeberg, dafür aber touristisch besser erschlossen. Man kann ihn zu Fuß erklimmen oder mit Sessellift hinauffahren, auch auf der Südseite von Warmensteinach-Fleckl aus. Auf dem Gipfelplateau stehen ein Sendeturm und der Asenturm (mit Gaststätte). Letzterer kann bestiegen werden und bietet eine imponierende Rundsicht. Ist man mit Kindern un-

Der schmucke Marktplatz in Bischofsgrün mit Pfarrkirche, mehreren Gasthöfen und Brunnen.

terwegs, kommt vielleicht auch eine Fahrt auf der Sommerrodelbahn ab Mittelstation in Betracht.

Nächster Halt im Ochsenkopfgebiet ist das rund 6 km südöstlich gelegene **Fichtelberg**, ein Fremdenverkehrsort wie Bischofsgrün. Herauszuheben ist dort neben einem Automobilmuseum (Nagler Weg, Di–So 10–18 Uhr) vor allem der rund 11 ha große **Fichtelsee**, der reizvoll auf einer Höhe von 750 m in Wald und Moor eingebettet ist. Auf der Terrasse des Waldhotels lässt es sich angehehm rasten.

Von Nord und Süd fährt je eine Gondelbahn zum Gipfel des Ochsenkopfs, wo sich eine faszinierende Fernsicht nach allen Seiten öffnet.

Information: Bischofsgrün: Tel.: 09276/12 92; www.bischofsgruen.de; Fichtelberg: Tel.: 09272/970 32 oder 33; www.fichtelberg.de
Einkehr: Bischofsgrün: Landgasthof Benker, Kirchenring 2, Straßenterrasse (Mittags nur Sa/So offen, Di–Fr ab 16.30 Uhr);
Fichtelberg: Waldhotel am Fichtelsee, Terrasse

In einer Mulde bei Fichtelberg liegt idyllisch der Fichtelsee. Dort kann man baden und Boot fahren. Hinten links am Bildrand der Schneeberg mit Turm.

Im Felsenlabyrinth Luisenburg. Auf der B 303 wird nun **Wunsiedel** angesteuert, denn dort erwarten uns zwei Höhepunkte: das Fichtelgebirgsmuseum in Wunsiedel und das Felsenlabyrinth Luisenburg rund 3 km südlich der Kreisstadt.

Ihren Namen hat die **Luisenburg** von der preußischen Königin Luise, die 1805 den vor Jahrmillionen entstandenen Felsgarten besuchte, worauf er umbenannt wurde. Nach zahlreichen Um- und Ausgestaltungen seit 1788 zeigt sich das Gelände heute als bizarre Berglandschaft, die angefüllt ist von wild übereinander getürmten Granitfelsbrocken. Sie erreichen nicht selten die Größe eines Hauses. Seit 2006 ist das Felsenlabyrinth Luisenburg Nationales Geotop. Durch dieses Labyrinth führt über Treppen, Engstellen und Höhlen ein 25 Stationen umfassender Rundweg, der im Aufstieg rot und auf dem Rückweg blau markiert ist. Sie tragen kennzeichnende Namen, wie Alter Theaterplatz, Luisensitz oder Goethefelsen. Überwunden werden unterwegs rund 100 Höhenmeter, an Zeit braucht man zirka zwei Stunden.

Einen klangvollen Namen hat der Felsgarten auch durch die **Luisenburg-Festspiele**, die eine bis ins 18. Jh. zurückreichende Theatertradition haben und seit 1890 alljährlich als Sommerfestspiele aufgeführt werden. Die Naturbühne gilt als älteste und landschaftlich schönste in Deutschland, sie zieht während der Festspiele weit über 100 000 Besucher an. Im Programm finden

Erschöpft vom ständigen Auf und Ab durch das Felsengewirr, legen diese vier Wanderer eine Verschnaufpause ein.

Der »Alte Theaterplatz« gleich am Anfang des Rundweges durch das Luisenburg-Felsenlabyrinth. Von hier führen Treppen an riesigen Granitquadern vorbei hinauf in höher gelegene Zonen.

sich klassische Schauspiele und Opern ebenso wie volkstümliche Stücke, Operetten und Musicals, aber auch Vorstellungen für Kinder. Einige Beispiele aus 2008: Die Räuber (Schiller), Tosca (Puccini) oder Der Räuber Hotzenplotz (Preußler).

Eine Attraktion ganz anderer Art ist das **Fichtelgebirgsmuseum** in Wunsiedel (Spitalhof, Di–So 10–17 Uhr). Wer mehr über diese Region erfahren möchte, kommt an dem Museum nicht vorbei. Es ist hervorragend ausgestattet, gut gegliedert und widmet sich vier Themenkomplexen: Die *Spitalgeschichte* befasst sich mit der Spitalstiftung von 1450 und dem klösterlichen Leben der Insassen, eine Stein- und Mineraliensammlung illustriert die *Naturgeschichte*, die *Regionalgeschichte* beleuchtet Leben und Arbeit der hiesigen Bevölkerung und die *Kulturgeschichte* schließlich hat Lebensweise und Kultur besonders der städtischen Bevölkerung zum Inhalt. Außerdem werden eine Töpfer-, eine Schmied- und eine Zinngießerwerkstatt betrieben.

Information: Wunsiedel: Tel.: 09232/60 21 60 bis 64; www.wunsiedel.de
Einkehr: Wunsiedler Hof, Jean-Paul-Str. 1, Terrasse

Finale in Porzellan. Auf einer Nebenstrecke erreicht man über Thiersheim das an der Eger und der Porzellanstraße liegende Hohenberg, von dort geht es weiter auf der Porzellanstraße nach Norden in die Stadt Selb (siehe Karte). Beide Orte besitzen Museen von internationalem Rang. In einer ehemaligen Direktorenvilla der Familie Hutschenreuther in **Hohenberg** ist das **Porzellanikon** mit dem **Deutschen PorzellanMuseum** (Schirndinger Str. 48, Di–So 10–17 Uhr) untergebracht. Auf 2000 qm Ausstellungsfläche kann man rund 12 000 Exponate mit Schwerpunkt 19. und 20. Jh. bewundern: Essgeschirr, Kaffeeservice, Schmuckvasen, Figuren, Kerzenhalter – kurz: Porzellan in allen Variationen, wie es früher

Beim Gang durch die Luisenburg wird es stellenweise eng: Dann muss man mal auf die Knie, die Hände zu Hilfe nehmen oder sich mit Verrenkungen durch einen Spalt zwängen.

in aristokratischen Kreisen und später auch im bürgerlichen Haushalt benutzt wurde und heute noch wird. Auch **Selb** ist Sitz eines **Porzellanikons** (Werner Schürer-Platz 1, Di–So 10–17 Uhr). Eingerichtet ist es in einer ehemaligen Rosenthal-Fabrik im Ortsteil Selb-Plössberg, zirka 3 km nördlich der Stadt. Es nimmt drei Einzelmuseen auf. Das **Europäische IndustrieMuseum für Porzellan** zeigt mit Schwerpunkt Technik die Herstellungsverfahren von Porzellan. Das **Europäische Museum für Technische Keramik** informiert über die enorm breiten Anwendungsgebiete der Keramik beispielsweise in Raumfahrt, Medizin und Elektronik. Das **Rosenthal Museum** schließlich komplettiert das Dreigestirn. Es »führt die erfolgreiche Melange von Kunst, Design und Lifestyle vor Augen« (Museumsprospekt) und zeigt auch eine Reihe von Porzellanobjekten, an denen namhafte Künstler (z. B. Salvador Dalí) mitgewirkt haben. Insgesamt umfasst das Porzellanikon rund 11 000 qm Ausstellungsfläche und ist so das wohl größte Spezialmuseum für Porzellan in Europa.

Information: Hohenberg: Tel.: 09233/77 22 11; www.porzellanikon.org. Selb: Tel.: 09287/91 80 00; website wie Hohenberg; Werksverkäufe (Geschäftsstelle Porzellanstraße): Tel.: 09287/918 00 34

Einkehr: Selb: Altes Brennhaus, Werner Schürer-Platz 1, Terrasse (Mo Ruhetag); Hotel-Gasthof Bräustübl, Ludwigstr. 8, Biergarten (Sa Ruhetag)

Der Tisch ist gedeckt. Das Geschirr aus edlem Porzellan ist nicht nur eine Augenweide, sondern lässt Kaffee und Kuchen auch bewusster genießen.

Die Verehrung von König Ludwig II. macht auch vor Porzellan nicht Halt. Diese Figur steht im Deutschen Porzellanmuseum in Hohenberg.

155

Zugabe: Das Frankenlied

Text: Victor von Scheffel (1859)
Vertonung: Valentin Eduard Becker (1870)

Wohlauf, die Luft geht frisch und rein, wer lange sitzt, muss rosten,
Den allerschönsten Sonnenschein lässt uns der Himmel kosten!
Jetzt reicht mir Stab und Ordenskleid der fahrenden Scholaren,
Ich will zur schönen Sommerzeit ins Land der Franken fahren.
Valeri, valera, valeri, valera, ins Land der Franken fahren!

Der Wald steht grün, die Jagd geht gut, schwer ist das Korn geraten;
Sie können auf des Maines Flut die Schiffe kaum verladen.
Bald hebt sich auch das Herbsten an, die Kelter harrt des Weines;
Der Winzer Schutzherr Kilian beschert uns etwas Feines.
Valeri, valera, valeri, valera, beschert uns etwas Feines.

Wallfahrer ziehen durch das Tal mit fliegenden Standarten,
Hell grüßt ihr doppelter Choral den weiten Gottesgarten.
Wie gerne wär' ich mitgewallt, ihr Pfarr' wollt mich nicht haben!
So muss ich seitwärts durch den Wald als räudig Schäflein traben.
Valeri, valera, valeri, valera, als räudig Schäflein traben.

Zum heil'gen Veit von Staffelstein komm ich emporgestiegen
Und seh' die Lande um den Main zu meinen Füßen liegen:
Von Bamberg bis zum Grabfeldgau umrahmen Berg und Hügel
Die breite stromdurchglänzte Au. Ich wollt', mir wüchsen Flügel!
Valeri, valera, valeri, valera, ich wollt', mir wüchsen Flügel!

Einsiedelmann ist nicht zu Haus, dieweil es Zeit zu mähen;
Ich seh' ihn an der Halde drauß' bei einer Schnitt'rin stehen.
Verfahr'ner Schüler Stoßgebet heißt: Herr, gib uns zu trinken!
Doch wer bei schöner Schnitt'rin steht, dem mag man lange winken.
Valeri, valera, valeri, valera, dem mag man lange winken.

Einsiedel, das war missgetan, dass du dich hubst von hinnen!
Es liegt, ich seh's dem Keller an, ein guter Jahrgang drinnen.
Hoiho, die Pforten brech' ich ein und trinke, was ich finde.
Du heil'ger Veit von Staffelstein, verzeih mir Durst und Sünde!
Valeri, valera, valeri, valera, verzeih mir Durst und Sünde!

Orts – und Sachregister

Impressum

Verantwortlich: Sabine Klingan
Redaktion: Dr. Anne Lagally
Layout: Mediaservice Rudi Stix
Repro: Cromica, Verona
Kartografie: Armin Scheider
Herstellung: Barbara Uhlig
Printed in Italy by Printer Trento

★★★★★

Sind Sie mit diesem Titel zufrieden? Dann würden wir uns über Ihre Weiterempfehlung freuen. Erzählen Sie es im Freundeskreis, berichten Sie Ihrem Buchhändler, oder bewerten Sie bei Onlinekauf. Und wenn Sie Kritik, Korrekturen, Aktualisierungen haben, freuen wir uns über Ihre Nachricht an J. Berg Verlag, Postfach 40 02 09, D-80702 München oder per E-Mail an lektorat@verlagshaus.de.

Unser komplettes Programm finden Sie unter 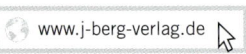 www.j-berg-verlag.de

Alle Angaben dieses Werkes wurden vom Autor sorgfältig recherchiert und auf den neuesten Stand gebracht sowie vom Verlag geprüft. Für die Richtigkeit der Angaben kann jedoch keine Haftung übernommen werden, weshalb die Nutzung auf eigene Gefahr erfolgt. Insbesondere bei GPS-Daten können Abweichungen nicht ausgeschlossen werden.

Sie sind auf der Suche nach weiterführender Literatur? Dann empfehle ich Ihnen den von mir geschriebenen Titel »Leichte Radtoren mit Alpenblick«. Ihr Armin Scheider

Bildnachweis:
Sämtliche Bilder stammen vom Autor Armin Scheider, außer:
S.27 u. und 29 o. Sommeracher Bocksbeutelherberge; S. 28 Günther Reinwarth Homburg; S.61 u. Richard Scharrnagel Marktbreit; S.93 u. r. Gemeinde Solnhofen; S. 111 u. Tourismuszentrale Markt Wiesenttal; S. 122 und 124 o. Archiv Bamberg Tourismus & Kongress Service; S. 146 und 147 u. Tourismus & Veranstaltungsservice der Stadt Kulmbach; S. 155 o. und u. Porzellanikon Hohenberg.
Umschlagvorderseite: Ochsenfurt, Zentrum
Umschlagrückseite: Aschaffenburg, Schloss Johannisburg

Deutsche Nationalbibliothek – CIP-Einheitsaufnahme
Die Deutsche Nationalbibliothek verzeichnet diese Publikation in der Deutschen Nationalbibliografie; detaillierte bibliografische
Daten sind im Internet über http://dnb.d-nb.de abrufbar.

4., aktualisierte Auflage
2015 © 2012, 2010, 2009 J. Berg Verlag in der Bruckmann Verlag GmbH, München
ISBN 978-3-7658-4237-5